专精特新企业
品牌营销之道

杜小忠　马明　马西伯等 ——— 著

中国友谊出版公司

谨以此书献给：

坚守原点、信仰价值、砥砺前行的专精特新企业品牌营销人！

编委会成员（排名不分先后）

杜　忠　熊小年　陈新春　黄启哲　李伟旗　蔡丹红　余　莉
景元利　朱晶裕　马西伯　张　进　张　曦　陶可可　李文华
刘　玺　汪　奎　郭　松　崔建中　丁永明　陆　澎　宋新安
李旭灿　孙　冰　郭俊柳　周　节　喻　瞳　马　明

推荐序

由内向外，专精特新企业营销转型正当时

近年来我国"专精特新"相关政策频出，专精特新企业作为未来产业链的重要支撑，已上升至国家战略层面，中小型企业的发展也被提升到了新的高度。本书正是在这样的背景下诞生的，旨在给专精特新企业带来全新的营销范式和实战经验，让中国工业制造业更好地在产业转型的过程中不断降本增效，提高企业活力和竞争力。

对于专精特新企业而言，营销转型过程中有两大优势不可忽视：一是信息技术的不断发展和互联网的普及，在一定程度上消解了企业之间规模的差距，数字营销成为中小企业提升品牌知名度和销售收入的巨大杠杆；二是组织规模不大的企业更加敏捷，更容易在不确定的环境中寻找

到新的增长契机。

纵览专精特新企业营销转型所遇痛点，主要有以下几点：

品牌经营顶层设计：品牌作为过去许多企业管理者眼中"务虚"的职能，其实蕴藏着巨大的增长杠杆，如何让品牌的力量更好地得到释放，是众多专精特新企业必须攻克的难题。

流量获取模式变化：过去专精特新企业过于依赖付费投放与销售拓客，极大限制了增长的潜力和效率。如今，专精特新企业在更多流量洞察和获客实践的支撑下，可以更科学地规划线上线下获客体系，打造全渠道获客矩阵。

营销协同新模式：过去销售主导的增长模式在新冠疫情期间遭遇了巨大的挑战，也促使企业开始思考如何将增长从"线下+销售"模式转换成"线下线上+市场销售"的新模式。

销售从强关系走向强价值，不仅仅要求企业转变传统销售思路，也需要让市场、销售、产品、售后等部门联合协同，共同塑造客户眼中完整的"价值"。

针对这些痛点，本书提供了先进方法论，并分享了大量基于中国国情的专精特新企业品牌营销实战案例。

过去，中国工业制造业与世界的接轨，让国内制造业通过企业资源计划（ERP）了解到企业数字化管理的力量。现如今这种力量正在逐渐向外延展，在营销技术（MarTech）领域生根发芽。无论是以ERP为代表的企业数字化，还是营销技术背后的营销数字化，都有着重要的地位，前者向内着力降本，而后者向外着眼于收入和增长。

推荐序 由内向外，专精特新企业营销转型正当时

其背后的本质直指企业生意的核心——信任。国外某机构通过多年经验，总结了一套信任公式，里面提到影响"信任度"的4个因素：信誉度C（credibility）、可靠性R（reliability）、亲密度I（intimacy）、自我度S（self-orientation）。信任（trust）=（C+R+I）/S，前3个因素与信任成正比，这些因素越强，代表信任度越高；而自我度与信任成反比，自我度强，则会削弱信任度。

总的来说，信任总是影响两个结果：速度和成本。当信任度下降时，速度会下降而成本上升；当信任度上升时，速度会上升而成本下降。过去，我们通过ERP塑造内部信任，现在则到了通过营销技术塑造外部信任的时候。

专精特新企业营销正在转型超车，驶向高速道路。

致趣百川联合创始人兼CEO（首席执行官） 何润

自 序

本书是杜小忠（上海）品牌营销咨询有限公司甄选国内专精特新企业品牌营销领域大咖联合编著的第一本书。

团结一切可以团结的力量，帮助更多专精特新企业解决营销难题。从本书开始，迈出关键的一步。

数字经济时代正在席卷而来，海量文字、图像、音频和视频承载着信息、数据和知识，涌向个人和组织。在这个时代，任何自以为是的门户之见和对确定性的执着将无法前进，因为它们最终会被汹涌而来的潮水所淹没。拥抱去中心化和无边界的个人和开放性组织，才可能在未来世界中发展得更好。

专精特新企业的发展亦然。

2022年，工信部印发的《优质中小企业梯度培育管理暂行办法》对"专精特新中小企业认定标准"和"专精特新'小巨人'认定标准"进行了详细说明。在认定标准

自 序

下，"专精特新"企业主要指具备专业化、精细化、特色化、新颖化特征的中小企业，这些企业在特定领域具有核心竞争力和创新能力。

与专精特新中小企业认定标准定义相比，本书所讨论的专精特新企业范围扩大，包括了具备"专精特新"4个特征中1个或多个特征的企业。这些企业可能在某一领域具有一定的专业性、精细化、特色化产品或服务，或者具备一定的创新能力，如在技术创新方面具有突出表现的高科技企业、在特定领域内拥有核心竞争力的传统制造业企业等。

本书从品牌营销视角出发，探讨具备"专精特新"4个特征中1个或多个特征的企业品牌营销之道，全景式揭示数字经济时代专精特新企业品牌营销的全新视角与策略。

在此基础之上，我们希望能长期、可持续地挑选专精特新企业品牌营销领域最优秀的代表，包括来自实战研究最前沿的专精特新企业品牌营销专家，来自优秀专精特新企业一线的顶尖营销实践者，还有对数字营销技术最具洞察力的服务商，以及为专精特新企业营销工作提供更多工具和服务的卓越供应商，帮助更多专精特新企业解决营销难题。

本书的读者主要是专精特新企业品牌营销的从业者，包括专精特新企业的企业家，营销高管，战略、品牌、市场、销售等职能部门的管理者，以及专精特新企业品牌营销方向的研究者，包括服务于专精特新企业的实战专家、来自高校和科研院所的相关学者等。

面对同一家专精特新企业时，1000个人会有1000种不同的看法和观点，更何况在面对数以千万计的专精特新企业时，每个从业者都因自己独特的背景而产生独特的认知。这种多样性使得专精特新企业品牌营销产业领域变得更加丰富和复杂。

本书从专精特新企业常见的十大营销难题出发，分为认知破局篇、方法工具篇和实战案例篇三大模块，给出不同角度的解决方案。尤其在方法工具篇中，众多来自专精特新企业品牌营销一线的实战专家从专精特新企业品牌营销体系的三个重要维度——经营战略与品牌定位、营销协同与市场运营、价值销售与销售实战技巧——给出各自擅长运用的方法和工具，从而让这本书兼具系统性和实战性，独具特色。

实战案例篇再现鲜活的专精特新企业品牌营销实战场景和案例。案例中的企业家曾经的烦恼，或许也正是您百思不得其解的困惑点；他们拨开迷雾豁然开朗后的新境界，或许也正是您梦寐以求的下一步……

当您翻开这本书的时候，您所面对的不是一个人，而是一群人——一群和您一样，对专精特新企业品牌营销领域心怀热爱的人，孜孜以求想要帮更多专精特新企业解决营销难题的人。本书或许是您进入专精特新企业品牌营销时代的新入口。经由本书，您不仅可以结识多位优秀作者，了解他们各自擅长的专业方法和工具，还可以领略到当前国内专精特新企业品牌营销最前沿的风景，更可以与同道者接触和切磋，开辟职业生涯的新天地。

我是杜忠，愿与热爱专精特新企业品牌营销事业的您，一路同行。

目 录

认知破局篇

直面十大难题和营销认知升级

第一章　专精特新企业的十大营销难题　　/ 003

难题1：产品同质化严重，价格战怎么破　　/ 003

难题2：企业做强还是做大　　/ 005

难题3：销售部和市场部如何协同　　/ 006

难题4：销售部和生产部如何协同　　/ 007

难题5：销售部和研发部如何协同　　/ 008

难题6：企业发展是否需要战略　　/ 009

难题7：企业能否拥有强势品牌　　/ 010

难题8：如何实现营销协同　　/ 010

难题9：大客户销售如何从交易关系到伙伴关系　　/ 011

难题10：如何从卖东西转向价值销售　　/ 012

◎本章小结　　/ 013

第二章　专精特新企业的营销认知升级　　／ 014

　　品牌引领的专精特新企业品牌营销体系　　／ 015

　　如何产销协同促进盈利　　／ 021

　　◎ 本章小结　　／ 036

方法工具篇

专精特新企业品牌营销实战方法

第三章　经营战略与品牌定位　　／ 039

　　企业战略制定与战略执行　　／ 040

　　专精特新企业的品牌创建逻辑　　／ 055

　　如何用品牌引领业务发展　　／ 067

　　◎ 本章小结　　／ 079

第四章　营销协同与市场运营　　／ 080

　　5S 数字化营销模型　　／ 081

　　官网搭建与运营技巧　　／ 087

　　搜索引擎营销技巧　　／ 102

　　新媒体营销方法与工具　　／ 117

　　布局短视频领域的 5 个思路　　／ 126

　　SDR 团队搭建与工作技巧　　／ 133

　　◎ 本章小结　　／ 143

目 录

第五章　价值销售与销售实战技巧　　／144

　　销售如何真正实现以客户为中心　　／145

　　销售如何使客户建立品牌信任　　／153

　　如何用场景法创造销售优势　　／166

　　影响大客户销售成功的三大力量　　／178

　　销售就是一条流水线　　／185

　　◎本章小结　　／194

实战案例篇

从硝烟和炮火中走来

第六章　专精特新企业品牌营销实战案例　　／197

　　某五金企业：如何成功度过品牌危机　　／197

　　豪达机械：如何让品牌从幕后英雄变成台前明星　　／204

　　金太阳铸业：如何从小作坊成长为"正规军"　　／216

　　万千紧固件：如何解决行业服务问题　　／221

　　◎本章小结　　／226

后　记　／227

特别鸣谢　／229

认知破局篇

直面十大难题和营销认知升级

第一章
专精特新企业的十大营销难题

近年来，需求收缩、供给冲击、预期转弱三重压力依然存在，各行各业市场竞争压力大，众多专精特新企业的转型升级尚未完成。内忧外患之下，专精特新企业该如何开源节流，保持现金流和利润增长，高质量地活下去，就成了当务之急。

其中首要问题就是："订单从哪里来？客户在哪里？增长从哪里来？"我们需要从品牌营销角度寻找答案。

那么，专精特新企业主要的营销难题有哪些？我总结了最常见的十大难题。

难题1：产品同质化严重，价格战怎么破

几乎各行各业都饱受产品同质化竞争之苦，陷入低价微利的泥淖而无法自拔。不少专精特新企业也为此苦恼——明知道打价格战是一条不归路，但很多企业还是不由自主地滑向了"红海竞争"的深渊，甚至在不断妥协中形成了思维定式，把这一切都归咎于疫情、内卷甚或外部经营环境

的不确定。

我们观察那些优秀的专精特新企业就会发现，在新冠疫情的3年里，这些企业经营虽然也历经波折，但销售业绩还是保持了良性增长：要么销售额增加，要么净利润增长。这是为什么？原因在于有一批高质量的客户帮他们平抑外部经营环境的不确定所带来的波动。

这些客户为什么那么稳定？因为真正优秀的企业秉持长期主义的经营理念，他们常常基于10年以上的长期合作来开发供应商资源，一旦选定，轻易不会换。

你肯定想问：那我怎样才能有机会成为他们的供应商？

答案就是：建立以品牌定位为引领的专精特新企业品牌营销体系，通过三层业绩增长逻辑逐步与一批优质客户建立联系、深化信任及不断升级关系，成为相互成就的伙伴。

这三层业绩增长逻辑包括小、中、大三层逻辑。

小逻辑是指通过训练销售技能、优化激励方式来提高单兵作战能力，从而获得销售业绩的提升。

中逻辑是指通过科学排兵布阵、优化营销策略来提高营销协调作战能力，获得营销系统能力的提升，从而实现销售业绩的增长。

大逻辑是指通过对企业经营环境、行业趋势、目标市场、客户、竞争者及企业自身的深刻洞察，来明确品牌定位，并以此为共识"灯塔"，在"船长"（企业家）的引领下，在骨干团队团结一致的努力下，凝心聚力为"好客户"创造不可替代的价值，并持之以恒地向目标市场、目标客户群传递这种价值观，从而通过敏捷迭代，不断为客户创造价值，帮客户降本增效，最终实现企业经营业绩的可持续增长。

难题2：企业做强还是做大

太多的人总在说企业要做强做大，但很少有人愿意思考：
- 对企业来讲，什么是做强，什么是做大？
- 企业为什么要做强，为什么要做大？
- 企业到底该怎样做强，怎样做大？

在阐明上述问题之前，我们需要先思考一个问题：企业到底是什么？对社会来讲，企业是经济社会的重要"器官"；对企业家来讲，企业是可以帮他们实现理想和抱负的工具。但无论哪个答案，都说明经营企业是一种方式和手段，企业做强做大不是目的本身，而是实现目的的需要。

对于专精特新企业来讲，企业做强意味着企业能帮客户解决"硬核"难题，即其他企业搞不定的问题；企业做大意味着可以服务更多客户，帮他们解决降本增效问题。

因此，专精特新企业做强是必须的，因为只有比其他竞争者拥有更强的客户需求洞察能力、更强的客户难题解决能力，企业才能成为客户心目中的首选甚至唯一的供应商，从而获得与优质客户一起成长的机会。

做大对于专精特新企业来讲，是整合企业内外部资源以服务更多客户的必由之路。专精特新企业的发展不能太"宅"——闭门造车的孤家寡人式发展不仅会让企业失去很多发展机会，也会让企业眼界受阻，影响企业做强做大。

因此，我们将专精特新企业的发展分为如下4个阶段（见表1-1），在不同的阶段采取不同的发展策略。成长期之前的重点是做强，平台期之后的重点是做大。先做强后做大，是比较稳妥和可行的路。

表1-1 专精特新企业发展壮大的4个阶段

4个阶段	创业期	成长期	平台期	生态期
阶段性要点	活下来	强势品牌	品牌引领	使命引领
量化评价（年销售额）	0~2000万元	2000万~4亿元	4亿~10亿元	10亿元以上
定性描述（发展阶段）	0到1	1到2	2到3	3到∞
发展侧重点	客户满意	骨干员工幸福	伙伴共赢	社会和谐

难题3：销售部和市场部如何协同

销售部总是抱怨：品牌拉动力不够，难以找到优质的好客户，客户越来越难搞，销售工作太难了！

市场部总是抱怨：企业对市场部不够重视、投入预算少，销售部不配合市场部工作，市场部工作价值得不到体现！

从他们各自的角度来看，公说公有理，婆说婆有理，这些抱怨也都是客观事实。那怎么解决呢？需要营销协同。

营销协同的意思并不只是说销售部和市场部协同，而是指从更高维度来看"大营销"工作——不管是销售部还是市场部，都只是其中的组成部分，共同目标是要帮助企业实现销售业绩可持续增长。

专精特新企业要想实现销售业绩的可持续增长，就必须成为目标市场和客户心目中的首选甚至唯一供应商,因此,企业需要建立强势品牌引领的专精特新企业品牌营销体系来系统解决上述问题。

对专精特新企业来讲,打造强势品牌的过程,就是发挥销售部和市场部作用的过程。销售是一对一的市场,市场是一对多的销售,大家共同的目的都是让"我们"成为目标客户心目中的首选甚至唯一的供应商。

难题4：销售部和生产部如何协同

销售部总抱怨：生产部发货不及时,交期得不到保障；产品质量不稳定,总被客户投诉；产品成本控制不好,价格总是比同行高。这一切,让销售人员"压力山大"：市场竞争那么激烈,我开发个好客户容易吗？产品和服务跟不上,客户体验不好,我再怎么维护客户关系不也是舍本逐末吗？

生产部当然不服气：没有准确的销售和订单预测,就会让生产陷入被动。订单少的时候,生产一线工人收入少,会导致人员不稳定,继而导致产品质量不稳定；订单多的时候,生产运营加班加点,不仅工作压力大,而且设备、人员超负荷运转,容易出现产品质量问题甚至安全事故。所以,保交期是个系统工程,不能简单归结为生产部的问题。

以强势品牌引领的专精特新企业品牌营销体系主张与优质客户建立相互成就的伙伴关系,先从客户分级后的A类客户开始,优化和升级关系,实现客户需求拉动式生产,然后将其应用到更多优质客户的业务往来中,从而从根本上解决产销协同难题。

难题5：销售部和研发部如何协同

对于很多专精特新企业来讲，选择"客户亲密"战略，与客户共同成长，是企业高质量发展的"法宝"。他们深刻地认识到：客户是企业生存的唯一理由。

即便是这样，如何贴近客户、深度洞察客户需求并提供适配的解决方案，依然是专精特新企业生存与发展的重要难题。

与客户走得最近的销售人员常常抱怨：企业总说客户的问题是我们创新的重要源泉，说我们不能及时反馈客户的问题，我们不是没反馈过，但研发部经常说研发人员太忙、研发周期太长，左耽搁右耽搁，到最后常常不了了之。要不就说产品方案和客户期待不相符，反倒要耽搁我们更多时间来回沟通协调，得不偿失。

研发部的同事也很委屈：你们也不能听风就是雨，眉毛胡子一把抓，把客户的"奇思妙想"一股脑儿抛给我们去实现。技术也有边界，我们不是神仙，更何况，研发也有工作流程，不是天马行空地玩"发明创造"。研发不能"闭门造车"，这是我们部门的共识，但我们也得有机会去面对客户、听到客户的心声，甚至到一些行业活动现场去了解行业技术前沿，才能更好地把握技术发展趋势和客户需求。

同样，如果只是站在各自部门的立场思考问题，上述问题必将长期存在。但如果能上升一个维度，从企业经营层面来理解我们与客户的关系，就会发现：

过往，企业与客户之间是交易关系，那就尽量"多赚钱，少花钱"，通过销售部对接生意即可，所以研发部是成本单元，减少其外部动作就能省下钱。但如果企业和客户的关系是长期合作的伙伴关系，那就意味着好客户是研发工作的一部"发动机"——可以源源不断地给企业输送产品创新的灵感和动力。因此，研发部应该更加贴近客户，变成企业的利润单元，成为与销售部并肩作战的好伙伴。

难题6：企业发展是否需要战略

有一种说法是：中小企业不需要战略。主要理由是中小企业体量小，优势是能够灵活响应市场变化，所谓"船小好掉头"。

这种说法在过去或许是适用的，因为在过去经济高速增长的时代，遍地是机会，中小企业的发展壮大靠机会、要素和投资驱动。但当经济发展到了需要精耕细作的高质量增长时代，这种"随波逐流"的思想就行不通了——中小企业中的佼佼者，尤其是专精特新企业，需要通过自身经营能力的确定性来对抗外部经营环境的不确定性。

因此，专精特新企业越来越需要制定科学合理的战略，并要有切实可行的落地实施方法。

只不过，因为专精特新企业体量相对小，其战略和落地方法体系不必太宏大和繁杂，适用即可。

难题7：企业能否拥有强势品牌

成为目标客户和市场受众心智中的首选甚至唯一的供应商，是每家企业、每位营销人心中的梦想，但作为专精特新企业，这个"强势品牌"的梦想真的能够实现吗？

答案很明确：能！

当前，专精特新企业面对的产品同质化、低价竞争、回款难题，归根结底都是企业品牌定位不清晰导致的。因为营销人员无法向目标客户清晰说明产品和解决方案与其他供应商有什么差异。专精特新企业的产品所能带给客户的独一无二、不可替代的价值点，无法被客户明确感知，于是企业经营陷入产品同质化泥淖。

准确定位品牌和打造强势品牌，是从根本上解决这个难题的有效方法。

难题8：如何实现营销协同

随着数字经济时代的到来，专精特新企业的营销工作变得更加丰富多彩——从以往比较单一的"销售拜访"模式转向"多兵种联合作战"模式。

专精特新企业品牌营销方法论把全网营销系统归纳为"天、地、人"三网：

● 天网：主要指以专精特新企业官网为核心的个人电脑（PC）端网络营销体系。

- **地网**：主要指以销售为核心的线下营销体系，包括展会、协会、行业媒介等。
- **人网**：主要指以微信生态为核心的移动端营销体系。

上述多种多样的价值沟通方法和渠道，给专精特新企业的营销工作带来了极大的便利和更多的可能性，但也带来了新的挑战——各有特色的"多兵种"如何实现更加高效的联合作战？品牌接触点越来越多，而专精特新企业的人力、物力、资源有限，又如何妥善管理？

方法工具篇的第四章将从5S数字化营销模型、官网搭建与运营技巧、搜索引擎营销技巧、新媒体营销方法与工具、短视频布局的思路、销售开发代表（SDR）团队搭建与工作技巧6个角度，进行方法论的详细讲述和拆解。

难题9：大客户销售如何从交易关系到伙伴关系

专精特新企业和客户之间是交易关系还是伙伴关系？

新冠疫情之后，越来越多的专精特新企业从业者深刻地认识到：客户才是企业生存唯一的理由，没有客户支持，就没有专精特新企业业绩的可持续增长。

因此，面向未来，专精特新企业的大客户销售，必须要把急功近利的"打单"思维转向真正愿意沉下心帮客户解决问题的"顾问"思维。如何做到这一点？从锁定客户、勾勒好客户画像做起。

深刻理解影响大客户销售成功的力量（见第五章"影响大客户销售

成功的三大力量"），真正以客户为中心，从客户价值视角来洞察客户需求，帮客户解决问题、创造价值，从而与大客户建立相互成就的伙伴关系。

难题10：如何从卖东西转向价值销售

销售人员是卖东西的吗？

在专精特新企业里，绝大多数销售人员都不会只认为自己是卖东西的，那么，销售人员到底是干什么的？有人说：销售人员是为客户提供价值的。那么，他们如何为客户提供价值？

销售人员通过与目标客户建立联系，不断深化信任，继而升级关系，持续不断地理解客户的问题和痛点，通过自身与企业长期积累的专业技能帮助客户解决问题和降本增效，从而为客户提供价值。

在此过程中，专精特新企业的销售人员需要不断抓住和创造机会与目标客户建立联系，千方百计与客户建立信任关系，高效实现销售转化，并通过团队和系统的力量来优化价值销售的流程和方法。

第一章 专精特新企业的十大营销难题

本章小结

在当前，外部经营环境充满了不确定性，需求萎缩、供给冲击、预期转弱的大市场环境中，与优质客户相互成就的伙伴关系就成了专精特新企业的生命线，因此营销工作不容有失。

本章总结了专精特新企业在营销工作中面临的十大常见难题，希望能帮助企业经营者和营销从业者理清思路，找到适合自己企业的破解思路。

从下一章开始，我们将针对上述十大常见难题，从多个角度展开论述，力求从认知升级、实战方法和实战案例三个方面，帮助专精特新企业升级营销认知，建立适合自己的专精特新企业品牌营销体系。

第二章
专精特新企业的营销认知升级

专精特新企业营销难题的解决是个系统性问题,在数字经济时代,不仅要从销售人员的招聘和培养方面着手,提升销售团队技能,而且要更加注重新型价值沟通方式的应用,强化市场部的功能,从营销协同的角度提升营销工作的效率。更重要的是,随着中国制造水平不断提高,从"中国制造"转向"中国创造",已经成为大多数专精特新企业的经营共识。

因此,企业之间的竞争已经不局限于"一城一地之得失"。多抢一个订单、项目或客户,不是互为竞争关系的两家企业的竞争焦点,双方的竞争是经营战略的竞争。谁能更加清晰地界定和洞察目标市场及客户,谁能更加深刻地厘清并更加坚定地打造自己的核心竞争力,让自己在目标市场和客户心目中变得越来越不可替代,谁就是未来的赢家!

品牌引领的专精特新企业品牌营销体系

工业市场营销（Industrial Marketing）的概念最早出现在20世纪60年代。《布莱克韦尔营销学百科辞典》对工业市场营销的定义是组织间的营销过程。

我国工业企业开始重视营销工作，大约在20世纪80年代以后。随着我国改革开放政策不断推进，工业企业经营自主权不断扩大，企业产品不再由商业部门统购统销，而必须自寻渠道、自找销路，于是企业逐步组建营销队伍，研究和运用新的营销思路和方法。

此后，工业市场营销就随着我国经济的飞速发展进入了蓬勃发展时期，其发展脉络深深根植于市场经济的发展和人们对市场营销的认知和观念演化中。当前专精特新企业品牌营销作为工业市场营销下的一个重要门类，备受人们重视。

关于什么是市场营销，人们的认知和观念随市场的发展不断与时俱进，归纳如表2-1所示：

表2-1　市场营销观念的演变及产生背景

主要观念	客户需求认知	核心观点	产生背景
生产观念	客户更喜欢易得且廉价的产品	以产定销，重生产轻营销，注重提高效率、增加产量、降低成本	市场经济不发达，产品供不应求
产品观念	客户青睐质量好、性能佳或创新型产品	"酒香不怕巷子深"，把主要精力放在产品的改进和生产上，追求高质量、多功能，重产品质量，轻客户需求	市场竞争尚不激烈，产品供求基本平衡

专精特新企业品牌营销之道

续表

主要观念	客户需求认知	核心观点	产生背景
推销观念	客户有惰性，没有外部推力就不会购买更多产品和主动做出采购决策	依然是"以产定销"，但因为竞争压力，开始注重产品销售，研究推销和促销的方法和技巧	市场竞争日趋激烈，产品供大于求，企业开始设立销售部，但仍处于从属地位
营销观念	注重客户需求，将客户需求作为企业营销的出发点，从积极响应客户需求，到主动提高客户价值	实现了"以需定产"的销售思路的转变，崇尚先感知后响应的理念。销售不是为产品找客户，而是为客户生产、经营所需要的产品	市场竞争更加激烈。企业以市场需求为中心，以研究如何满足市场需求为重点，设立营销中心 西方20世纪30年代开始，我国20世纪80年代起，这种注重客户需求的营销观念快速发展
大营销观念	强调以客户为中心，深度洞察客户需求，从追求客户满意，再到以为客户创造价值为目标的创新型营销，营销观念不断演化	企业为了成功进入特定目标市场，并实现长期经营，在策略上协同利用公关活动、媒介传播、内容运营等多种手段，以获得有关方面的支持和合作	企业不仅注重当前利益，更注重长远利益，因此，注重满足甚至引导客户需求、创造需求，以获得客户满意和忠诚 企业开始设立战略型营销中心
"市场-价值"观念	强调建立以价值为纽带的客户、企业及合作方之间连续的、系统的、相互融合的多方共赢伙伴关系	企业业务应定义为让目标客户满意的过程，而不是根据产品或所处行业来定义。因为产品寿命是有限的，但客户的基本需求和客户群体是永远存在的	共创、共生、共赢。以人为本，和谐共生，让专业的人做专业的事，营销不仅是一种经营职能，也是一种经营哲学。开始注重全员营销

资料参考：菲利普·科特勒、凯文·莱恩·凯勒等著，《营销管理》第16版；余明阳著，《市场营销战略》

综上所述，我们认为：专精特新企业品牌营销是适应当前我国市场经济发展需求，以品牌定位为引领，以营销协同为特色，以系统高效与目标客户建立相互成就的伙伴关系为目标，旨在帮助更多专精特新企业实现业绩可持续增长的实战营销方法论（见图2-1）。

第二章 专精特新企业的营销认知升级

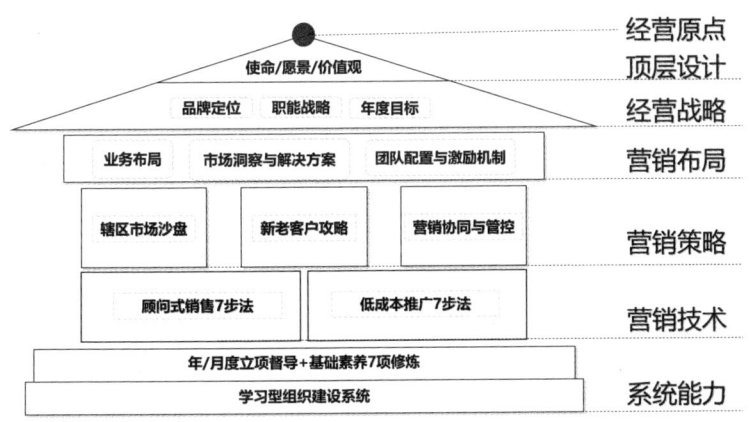

图2-1　专精特新企业品牌营销系统

那么，为什么要在当下特别提出"专精特新企业品牌营销"概念？

理由一：专精特新企业经营理念升级的迫切需要

当前，需求萎缩、供给冲击、预期减弱，叠加经济下行和因环保停产限产压力，以及原材料价格上涨、人力成本增加等经营压力，使得专精特新企业品牌营销工作被寄予厚望。但传统"以销售为龙头"的推销观念和营销观念已经不能跟上市场需求升级的趋势，大量专精特新企业的营销观念亟待升级——迈向大营销观念，实现营销协同，甚至逐步在企业内外形成"市场–价值"观念共识，真正以客户为中心来定义核心业务，与客户、渠道商、供应商等各利益相关方建立共创、共生、共赢的相互成就的伙伴关系。

理由二：破解专精特新企业品牌营销瓶颈难题的需要

认知和观念的升级是破解难题的根本方法，其困难也是显而易见的。但要想从根本上解决当下及未来我国专精特新企业所面临的营销难题，我们必须迎难而上，构建更高维度的专精特新企业品牌营销方法论来实现破局。如前文所述，伴随着中国经济日新月异的飞速发展，学术理论研究领域、专业方法研究领域和企业一线实践领域都已经有了大量的探索和积累，但也有诸多问题长期困扰工业市场营销研究者和从业者。例如：在专精特新企业，销售人员是卖东西的吗？如果是，产品同质化问题怎么解决？销售人员靠低价或人情关系推销的模式越来越难开展工作，怎么办？如果销售人员不是"卖东西的"，那该如何理解？再如：在专精特新企业，销售部是不是龙头？如果按照销售部的意图开展市场营销，岂不是"只见树木，不见森林"？市场部该承担什么样的职能？如何实现营销协同立体作战？还有：在专精特新企业，品牌有没有用？品牌就是符号、形象、做广告、做推广和传播吗？基于"市场–价值"观念，用什么方法和工具才能在企业内部凝聚人心、达成共识，对外力出一孔，以最小的营销投入高效实现企业业绩目标？

经过多年企业一线实践验证，我们认为专精特新企业品牌营销方法论可担此破局重任。

理由三：专精特新企业品牌营销与时俱进发展的需要

好的概念犹如一把金钥匙，可帮我们打开通向未来之门，让我们认识

第二章 专精特新企业的营销认知升级

到一类事物的运行逻辑和规律，我们期望专精特新企业品牌营销就是这么一把帮我们打开通向未来之门的金钥匙！

追根溯源，专精特新企业市场营销属于市场营销下的一个子类。结合"市场–价值"观念，我们引入战略品牌工具，因此叫专精特新企业品牌营销。

它与时俱进。20多年前，对应"消费品"的"工业品"概念符合当时市场营销主流的推销观念，但20多年后的今天，专精特新企业更加注重与客户构建共创、共生、共赢的伙伴关系，而不是寄希望于"一锤子买卖"推销产品。站在客户立场，专精特新企业客户所需要的也不仅仅是产品，而是针对某个问题的解决方案以及长期陪伴的专家服务。

它面向未来。专精特新企业品牌营销是战略级概念，它是以品牌定位为引领，以营销协同为特色，以系统、高效地与目标客户建立相互成就的伙伴关系为目标，旨在帮助更多专精特新企业实现业绩可持续增长的实战营销方法论。在专精特新企业市场营销的基础上引入战略品牌概念，就能从企业经营的高度来统领主营业务，以更具确定性的基本需求和目标客户群体为中心来定义企业业务，对内凝聚人心，建立共识目标和愿景；对外力出一孔，以更小投入、更高效率实现企业经营目标。

综上所述，专精特新企业品牌营销方法论将是专精特新企业面对未来不确定经营环境时，降低经营风险，以较小投入高效实现企业经营目标的一件利器。

此营销方法论体系开放且包容，强调回归本质，极适用于追求长期发展，致力于建立以市场为导向、以客户为核心的共赢伙伴关系的企业。

衷心期待更多产业伙伴一起来研究、实践、应用专精特新企业品牌营销方法论，共同努力帮更多专精特新企业解决营销难题。

> **作者简介：**
>
> 杜忠，博士，工信部品牌诊断专家组成员、中德制造业研修院营销实战总顾问、北京师范大学MBA校外导师、新加坡品牌策划大赛专家评审团成员，工业品牌营销三部曲《成长型企业如何打造强势品牌》《工业品市场部实战全指导》《成长型企业销售部实战全指导》作者。

第二章 专精特新企业的营销认知升级

如何产销协同促进盈利

专精特新企业在争论到底是"以销定产"还是"以产定销"时，其实就是在争论企业是否真的应该秉持"客户第一"的理念。答案显而易见，但在现实中，各家企业往往会做出不同的选择。进一步追问其背后的选择逻辑，我们能找出一个共同的解题思路：订单是否会成为专精特新企业增长的限制？

当处于卖方市场时，毫无疑问，大多数专精特新企业的首要任务是交付订单，绝大多数专精特新企业中生产部门占据了主导地位。而在当下，需求萎缩，供给冲击，预期转弱，绝大多数行业产能过剩，技术工艺不断迭代，需求进入下行期。毫无疑问，订单成为专精特新企业增长的限制。这时，许多企业便重新粉刷"客户第一"的理念，试图将它挂在最显眼的高处，"以销定产"自然成为企业经营主导。

我在11年制造企业运营、精益生产咨询的经历中，曾有机会走进近100家制造企业，深度实施近30个项目，帮助多家专精特新企业解决订单延期、计划混乱、客户抱怨、效率过低等问题，其中多个项目帮助企业实现了低成本投入、整体收益大幅增长的目标。

在实施这些项目的过程中，我发现，无论竞争地位如何、发展阶段如何，这些专精特新企业都出现了一些共同的经营困扰，如产销不协同、产销矛盾等。换言之，企业内部职能之间——包括销售与生产职能——互相抱怨、相互不协同，最后导致客户订单的响应效率降低，市场竞争力下降，在影响企业收益的同时，内部管理、沟通难度也居高不下。所以，无论企业市场竞争地位如何、行业发展阶段如何，都应采取产销协同运营策略。

为何应实施产销协同运营

产销协同运营，指生产与销售部门共同面对市场竞争与内部运营，实现企业竞争力与收益的共同增长。我们可以从3个方向来分析专精特新企业为何需要产销协同运营。

接单竞争力

专精特新企业均希望获得更高的市场竞争力，以便争取更多的市场订单。但是，如果抛开产品特性、价格和品质不谈，生产部承诺的交期长短、订单交付及时率的高低，同样影响企业市场接单时的竞争力。因此，销售部要提升接单竞争力，需要依靠更短的交付周期与准时的订单交付。

成本与收益

专精特新企业的投资，会变成两种成本形式。一种是固定成本，它由厂房、设备和定期折旧支出占据。随着各行各业工艺技术的不断发展，大型、新型设备的不断引入，固定资产投资越来越高，企业的固定成本占比不断增长。另一种是非固定成本，主要为原料、半成品、成品，以及应付、应收款，这些都属于流动资金。

产品的成本由材料成本和制造成本构成，当投资所形成的"固定资产-产能"未能获得充分利用时，企业的制造成本便随之增加。因此，产能利用率的高低决定了企业的利润率。另外，库存的高低决定了企业的资金周转率。只有利润率与周转率的乘积增长时，企业才能获得更高的投资回报率（见图2-2）。

第二章　专精特新企业的营销认知升级

$$投资回报率 = \frac{利润率}{\frac{净利润}{总营收}} \times \frac{周转率}{\frac{总营收}{总资产}}$$

图2-2　投资回报率公式

因此，要提升投资回报率，不仅需要有效地控制产能，保障订单准时交付，更需要用更低的库存与流动资金实现订单的交付与企业的运转，而这些的实现均离不开生产计划。

客户满意度

我们都说"客户是上帝"，销售部对接客户，其职能非常重要。但在企业规模变大、组织分工变细时，销售部无法直接明确交期、确认工艺以及安排生产任务，这时就需要依靠生产部生产计划职能的协调作用了。

因此，无论是要提升市场接单竞争力、收益，还是提升客户满意度，均需要依靠生产职能与销售职能协同，方可实现。让销售部"攘外"，先得用生产部"安内"。生产部提供好"子弹"，销售部才能出去打胜仗。尤其是在市场下行、订单不足或者企业投资规模变大后，更应该采取产销协同运营模式。单方面遵循"以销定产"或"以产定销"的模式，注定会阻碍企业的长期发展与持续盈利。

产销不协同会导致如下问题：生产周期拉长、订单延期、订单交付不及时、半成品库存高、生产现场一片混乱。这些问题会导致企业市场竞争力下降，投资收益不断减少，最终退出竞争的舞台。

当企业采取产销协同运营模式时，生产周期变短、生产现场混乱减少、订单准时交付、库存与流动资金降低，而企业的市场竞争力与收益则会同步增长。

为何产销协同如此之难

许多明智的企业早已认识到产销协同对企业经营绩效的重要性，于是纷纷调整权责，给予销售部或生产部更多的权限，期望实现该运营模式，让各部门心往一处想、力向一处使，共同面对市场的竞争，最终取得经营绩效的增长。

然而，当企业规模变大、组织规模扩充，由于管理层能力、精力的限制，企业不得不进一步分解组织，让分工变得更加细致。为了考核各职能部门的绩效，企业分别采用各部门的局部效率指标用于考核各个局部的业绩，如销售部考核销售量、销售毛利，生产部考核人均产值、效率、产量，采购部考核采购成本降低率、仓库考核库存量等。殊不知，局部的高效率并不能代表整体的高收益，还可能导致各局部为了追求其自身的高效率而伤害企业整体的竞争力与收益率。

当我们考核生产效率、成本、人均产能、损耗率指标时，生产部各工序均会设法加大作业的批量，减少产品和设备的切换，集中式、大批量生产作业。这样一来，生产现场不仅有一堆半成品库存，原材料和成品的库存也会增加，生产周期还会被拉长。

当生产周期变长，企业的市场竞争力也会降低，无法承接客户的急单、小单；原材料、半成品、成品的库存还会增多，增加了资金占用。换言之，订单会变少，接单利润会变低，资金占用还会增多。这时，企业整体市场竞争力和投资回报率也会降低，因此生存就变得越来越困难了。

第二章 专精特新企业的营销认知升级

销售部接回来一个急单,生产部本来明明可以用尺寸更大的原材料赶工,但为了控制损耗率,车间无论如何也不愿投入生产,只能等合适的原材料到。这样做,要么就是直接把客户赶跑,要么就是拉长了生产周期,客户投诉抱怨不断,下次就不会合作了。

当企业严格控制采购成本这一指标时,紧急需求的客户打样的急单、大客户或老客户的急单,极易因为争单的材料采购成本高被采购部拒之门外。

当企业严格考核各销售口的销售额、销售利润时,极易出现这样的情况:在某一时段或旺季时,大量不同销售口的订单集中涌入,造成生产资源的挤兑。而面对某一潜在客户的低价订单,销售部会因毛利的限制而无力承接。如此一来,将造成旺季时生产资源挤兑、订单延期、客户抱怨,降低企业市场竞争力与口碑;而淡季时因订单不足、企业成本增高,销售人员与生产人员的稳定性受到影响,来年旺季到来时又急于招人应对,不仅丧失了旺季销售的好机会,还会因为大量新手的冲击影响企业的运行效率,增加运营成本。

所以要实现产销协同,整体市场竞争力与收益同步提升,千万不要过于追求各局部环节的局部效率和低成本。

一家制造企业是由投资产生的多个环节所形成的完整系统。在这个系统中,销售部负责输入,生产部负责过程加工,只有当产销协同运营时,方可保障企业高收益的输出。

当我们将这个过程进一步拆解时,就会发现各环节的产出能力存在差异,也就是各环节的产能并不相同。产出能力最为薄弱的环节,我们可以称为瓶颈。

因此，要实现有效的产销协同，需具备一个新理念，并采取以下瓶颈聚焦五步骤。这样无论在淡旺季，企业均可实现市场竞争力与收益的大幅度提升。

● 一个新理念：用整体收益最大化理念实现接单的产销协同。

● 瓶颈聚焦五步骤：对企业限制因素（瓶颈）的识别、挖尽、迁就、提升和返回。

那么，如何实现用整体收益最大化理念实现接单的产销协同？如何用瓶颈聚焦五步骤，快速提升企业收益？

下面用一个案例介绍这一理念与步骤。

有一家生产服装的A服装公司，总运营费用每月需要10万元。其中包括人员工资、能源消耗、厂房租金、设备折旧和其他固定费用。这些可统称为运营费用，即不会因为产销率变化而同比例发生变化的成本。

另外一个关键的数据是A服装公司每个月有10032分钟的生产时间，这个数据是采取每天工作8个小时、每月22天制，工时利用率按95%计算得来（见表2-2）。

表2-2　A服装公司月运营费用及工作时间情况

项目	人员工资（万元）	能源消耗（万元）	厂房租金（万元）	设备折旧（万元）	其他固定运营费用（万元）	合计（万元）	月工作时间（分钟）
金额	3	1	1	2	3	10	10032

注：月工作时间=60分钟×8小时×22天×95%

为了便于介绍决策逻辑，我简化了A服装公司生产条件：假设该公司只生产3种产品：男装西服、女装西服和女职业装。再获得相应的基本数据，包括销售价格、材料成本、计件人工成本、边际利润、需求预期（见表2-3）。

表2-3 A服装公司产品成本、利润、需求等基本情况

产品	销售价格（元）	材料成本（元）	计件人工成本（元）	边际利润（元）	需求预期（件）	月最大总产量（件）
男装西服	180	35	12	133	600	
女装西服	160	30	8	122	600	1000
女职业装	130	20	6	104	600	

其中，男装西服的边际利润最高，为133元；其次是女装西服，为122元；最后是女职业装，为104元。市场客户对这3种产品各需要600件，通常A服装公司每月的最大总产量只有1000件，因件数受总时间制约。

那么，A服装公司应该如何接单，才能盈利更多？

销售部主张承接单价与毛利更高的订单，分别是男装西服600件、女装西服200件；由于不能赶跑老客户，最不挣钱的女职业装同样也要承接200件。按照这样的接单计划，总销售收入为12.5万元。扣除固定成本，当月会有2.5万元的盈利（见表2-4）。

表2-4 A服装公司产品成本与月销售额预测

产品	销售价格（元）	材料成本（元）	计件人工成本（元）	边际利润（元）	需求预期（件）	月最大总产量（件）	建议接单量（件）	预估销售额（万元）
男装西服	180	35	12	133	600		600	8.0
女装西服	160	30	8	122	600	1000	200	2.4
女职业装	130	20	6	104	600		200	2.1
							合计	12.5

这个时候麻烦来了，生产部提出了困难。生产经理抱怨说："男装西服最难生产，会浪费我们的产能，要少承接点。不然最后不仅损耗指标会

超,订单还可能延期交货,被客户罚款。"销售部与生产部开始争论,直到公司总经理出现。总经理提出了一个新的理念,他说:"你们的决策依据都对,但是不够全面,没有站在公司整体立场上来看。"

下面,我们运用新理念以及瓶颈聚焦五步骤(识别、挖尽、迁就、提升和返回),来帮助这家公司实现产销协同、收益倍增。

第一步:识别瓶颈

A服装公司产能不足时,也就意味着影响公司收益增长的因素——产能,成了公司的瓶颈。A服装公司没有足够的产能完成所有订单。接下来,进一步识别产能受限制的具体环节,找出哪个工序、环节的产出速度最慢,也就是识别瓶颈工序。

第二步:挖尽瓶颈

当我们识别出瓶颈之后,便需要制定措施,挖尽瓶颈的产能为整个系统带来更大收益。

我们根据瓶颈的单位时间最大产值来接单,然后多承接产值更高的,其他的依次少接。

于是在总经理的指导下,生产部与销售部开始了新一轮详细的计算。计算结果显示,应该只接男装西服200件、女装西服400件,原来最不挣钱的女职业装反而要全部承接,也就是600件。最后的总销售额是13.8万元。扣除固定成本,这个月会有3.8万元的盈利,比销售部建议的接单方案利润高出52%(见表2-5)。

第二章 专精特新企业的营销认知升级

表2-5 A服装公司新接单方式的月销售额预测

产品	销售价格（元）	材料成本（元）	计件人工成本（元）	边际利润（元）	需求预期（件）	建议接单量（件）	预估销售额（万元）
男装西服	180	35	12	133	600	200	2.7
女装西服	160	30	8	122	600	400	4.9
女职业装	130	20	6	104	600	600	6.2
						合计	13.8

当计算结果出来之后，销售部和生产部虽然认同，但都不明白总经理这个决策背后的逻辑。这时，总经理解释说，我们每个月的可生产时间只有10032分钟。不同的产品生产时，占用的瓶颈资源——时间——并不相同：男装西服占用15分钟，女装西服是10分钟，女职业装只需5分钟。用每分钟产值来看，男装表面上最挣钱，但当产能不足时，生产它反而利润最低（见表2-6、表2-7）。

表2-6 销售部原来的接单方案

产品	销售价格（元）	材料成本（元）	计件人工成本（元）	边际利润（元）	需求预期（件）	建议接单量（件）	预估销售额（万元）	单件平均花费时间（分钟）	瓶颈产出（元/分钟）	生产资源负荷率（%）
男装西服	180	35	12	133	600	600	8.0	15	8.87	89.71
女装西服	160	30	8	122	600	200	2.4	10	12.20	19.94
女职业装	130	20	6	104	600	200	2.1	5	20.80	9.97
						合计	12.5	/	/	119.62

注：生产资源负荷率=单件平均花费时间×接单量/月工作时间×100%

如果按销售部原来的接单方案，A服装公司有可能连2.5万元也难挣到，因为那样的接单方案会超过A服装公司的产能负荷。这也是为什么A服装公司之前每个月表面上接单有利润，但因为订单交货延期，反而增加了许多成本，且让客户满意度下降，付款也不那么及时，最后大部分盈利都被延误消耗了。

表2-7 总经理的接单方案

产品	销售价格（元）	材料成本（元）	计件人工成本（元）	边际利润（元）	需求预期（件）	建议接单量（件）	预估销售额（万元）	平均花费时间（分钟）	瓶颈产出（元/分钟）	生产资源负荷率（%）
男装西服	180	35	12	133	600	200	2.7	15	8.87	29.90
女装西服	160	30	8	122	600	400	4.9	10	12.20	39.87
女职业装	130	20	6	104	600	600	6.2	5	20.80	29.90
						合计	13.8	/	/	99.67

这位总经理决策背后的逻辑，就是整体收益最大化理念下的产销协同。

第三步：迁就瓶颈

当挖尽瓶颈的措施制定完成后，销售、生产、采购、仓库各部门按新的接单策略，共同迁就配合这一行动。销售部与客户沟通，确定需求，按此计划接单，生产部、采购部、仓库按新计划进行采购、生产、发运，保障订单及时交付，这样便能实现产销协同、整体收益最大化、收益倍增的经营目标。

第四步：提升瓶颈

当A服装公司废除了原来的主张，即冒着订单延期、客户抱怨的风险才能实现2.5万元利润的销售计划，采取新理念、新方法后，便能实现3.8万元的盈利。这时，显然影响这家公司收益增长的因素是产能。我们便可进入下一步：提升瓶颈的产出。也就是通过投资获得瓶颈资源的产出，带动整个公司（系统）的产出。

由于交货及时、品质稳定，市场需求开始增加。A服装公司希望通过产销协同运营模式进一步提升收益，哪怕是通过投资。

于是，A服装公司总经理向顾问寻求帮助。顾问借用了当下非常时髦的一个词，建议公司成为专精特新企业。

总经理有一些不解：为何不投资产能，而是提出专精特新的概念？尽管国家当下正在大力发展制造业，鼓励发展专精特新企业，可这又与我公司订单量过高、产能不足有何关系？总经理向顾问寻求答案。

我们来看一下，产能不足的服装公司要如何发展成为职业女装的领军企业？如何提升瓶颈的产出进而带动整个公司的产出？

首先，我们再确认一下这家服装公司按表2-7方案每月盈利3.8万元时的基本信息：3款产品分别是男装西服、女装西服、女职业装；对应的单位时间有效产出：男装西服8.87元/分钟、女装西服12.20元/分钟、女职业装20.8元/分钟，可见女装的盈利能力比男装高很多。

顾问查过公司的近期数据，由于公司引入新理念和新生产模式，订单交付更及时、延误极少，再加上女装款式设计新颖、用料考究，所以A服装公司在女装类市场的竞争力表现得十分强劲。

这时如果只生产女装，显然公司利润会大幅度增加，但是对于未来是否有足够的订单量，顾问仍然表示出了一些担忧。

A服装公司如定位为职业女装龙头企业，发展为专精特新企业，则需要针对性地对女装在某些细节上加大一些成本投入，才可能在未来赢得更多的市场好感，持续吸引更多的女装订单。这样一来，其市场定位也会更精准，更容易被客户记住，并且利于公司品牌形象的提升。

销售部提出，我们的女装在市场中的品质与价格更具有竞争力，市场需求也更旺盛。如果我们再努努力、想想办法，就有可能拿到更多的女装订单，要是我们在女装性价比方面再提高一些，那就更没有问题了。

生产部主管对顾问提出的这个方向也比较感兴趣，说道："是呀，这样车间的工人抱怨将会更少，因为相对男装来讲，他们更喜欢生产女装。"

总经理也认可顾问的建议，于是请顾问大胆着手实施相关举措。

顾问接着说，如果按销售部的建议执行，我们的产品将会更有竞争力，所以我们是否可以在女装的用料和工艺上额外多投入一些？这样可以争取到更多的女装订单。

这时生产部主管突然说他有一个建议，这个想法其实他早就有，只是因为公司之前盈利不足，他一直没敢提。

总经理立即让他讲出来。

生产部主管提到：我们的服装生产中，整烫是瓶颈环节，之前的设备是为男装设计的，生产女装时虽然能使用，但是效果始终不那么好。如果更新这个设备，需要投资11万元左右，每年电费要比之前多5000元。折算下来，每个月增加5000元成本（月运营费用从10万元增加到10.5万元）。但这样一来不仅服装品质效果更好，做女装西服时还能节省2分钟时间，产出更快。

工艺部主管此时也站起来提出一个建议：我们女装的内衬如果选择更

好一点的材料，品质就能再上一个台阶。总经理问需要多少成本，主管说会每件增加1元的材料成本。

当公司采纳这些建议，就有可能实现一个新的结果（见表2-8）：

表2-8 服装公司专精特新改造后

产品	销售价格（元）	材料成本（元）	计件人工成本（元）	边际利润（元）	平均花费时间（分钟）	瓶颈产出（元/分钟）	需求预期（件）	建议接单量（件）	预估销售额（万元）	生产资源负荷率（%）
男装西服	180	35	12	133	15	8.87	600	0	0.0	0.00
女装西服	158	31	8	119	8	17.56	1000	500	6.0	39.87
女职业装	128	21	6	101	5	25.60	1200	1200	12.1	59.81
								合计	18.1	99.68

女装西服与女职业装的材料成本各增加了1元，女装西服的生产时间减少到了8分钟。公司月销售额变为18.1万元，扣除10.5万元的运营费用，净利润增加到7.6万元/月，比表2-7方案的净利润增加了1倍。

在这种情况下，销售部如愿拿到了更多的女装订单，该公司也逐步成为职业女装的领导者。

第五步：返回瓶颈

当完成了对瓶颈的识别、挖尽、迁就、提升之后，便需要"返回"至第一步，寻找下一个限制企业（系统）收益增长的因素，并持续循环，绝不让组织的惰性成为系统的限制。

这个案例给我们几点启示：

（1）推行产销协同模式的首要任务，是破解传统理念下的唯局部效率及成本论。

（2）当企业处于旺季，也就是在产能有限的情况下，遵循传统成本会计的产品成本、利润计算方式，用局部的效率、成本指标考核各局部，企业利润反而会更低。

（3）当企业处于淡季时，仍可通过放弃局部效率、成本优先的方式，取得更短的生产周期、更高的订单准时交付率、更灵活的产品价格的产量配合。这样企业便拥有了更高的市场竞争力与更多的订单（本书因篇幅有限，暂不展开）。

（4）当专注某一产品的制造，肯投入时，企业这类产品的制造能力与竞争力便会增强。

（5）企业各类产品的单位时间有效产出值差异较大，始终有相对盈利更高、更具有长期价值的产品。

（6）将上述（4）（5）两项因素有机地结合起来，注定将给企业带来突破性的增长，并让企业持续保有竞争力。

所以，当企业投资规模变大、固定成本占比增高、组织分工变细后，企业要想实现产销协同运营，就不仅应废除传统成本会计的成本观，也应放弃追求各局部效率指标。

因为这样的运营方式极易造成接了表面更挣钱的订单，盈利反而变低的情况。在旺季时，企业会因为订单超产能负荷导致订单延期，客户满意度越来越低、销售越来越困难；同理，在淡季时，企业因为生产周期过长，造成成本变高、价格僵化，不仅损失产能，更会因为预测的销量过高而增加大量呆滞库存，占用更多资金，拉低投资回报率。

在我11年的制造企业运营咨询经历中，绝大多数企业有30%左右的隐藏产能被浪费，有30%以上的价值客户流失，许多企业在运营时常常忽视阻碍企业实现增长的瓶颈和限制，采取"四处发力"的模式。但在我看来，企业"四处发力"等于浪费力气，局部的高效率不等于整体的高收益。

因此，当企业改为产销协同运营模式后，无论是在淡季还是旺季，无论是行业上升期还是下行期，均可取得突破性的增长。

> 作者简介：
>
> 黄启哲，工厂顾问，和君咨询原业务合伙人、和君恒成精益研究中心原主任，现北京启哲产销咨询创始人。启哲产销咨询是国内少有的按效果、后付费、承诺5倍收益的企业咨询专业顾问。11年来专注企业运营，通过产销协同的生产计划模式，帮助企业压缩生产周期，提升订单准时交付率，从而实现企业市场竞争力与盈利的同步增长。

本章小结

本章从工业品牌营销方法论创建的时代背景、市场营销观念演变的视角切入，详细阐明了为什么要创建专精特新企业品牌营销方法论，什么是专精特新企业品牌营销方法论，以及在实际操作中如何应用专精特新企业品牌营销方法论。

在此基础上，借助产销协同的理念和方法，用更开阔的视野帮助专精特新企业升级营销认知，实现"跳出营销看营销"——从企业经营、产品研发、生产协同等角度重新理解营销，为读者带来站位更高、更加全局性的营销思考。

如果说在认知破局篇，我们重点探讨的是"专精特新企业品牌营销是什么，为什么"的话，从下一篇开始，我们将从方法、工具的角度来探讨"怎么做"的问题，讲述专精特新企业的品牌营销实战方法。

方法工具篇

专精特新企业品牌营销实战方法

第三章
经营战略与品牌定位

有人说：战略就是决定不做什么。单从概念来讲，这样定义企业的经营战略显然过于简单了，但从专精特新企业实际情况来看，这个论断是成立的，而且颇具实操价值。

在外部经营环境不确定性日益凸显的当下，专精特新企业经营的头号问题其实不是老生常谈的缺资金、缺人才、缺技术等问题，而是缺乏明确而清晰的方向感，缺乏激情和理性并驾齐驱的节奏感，缺乏长期主义的确定感。因此，经营战略尤为重要。

在对大量专精特新企业的咨询辅导实践中，我们也发现：很多企业家和高管都有接受MBA、EMBA及大量商业培训的背景，学习了非常多的概念和知识，但一到企业经营实践中却无法真正做到知行合一，甚至因为学习内容过于芜杂，在企业内部很难达成共识，长于"坐而论道"，但无人"起而行之"。因此，我们希望能借助专精特新企业品牌营销方法论，集众家之所长，将其融入专精特新企业自己的经营系统中。

以品牌定位为引领，简化专精特新企业经营战略，深化营销战略与执行，努力做到实用、易用、包容，让专精特新企业有能力实施这些战略。

企业战略制定与战略执行

战略制定——战略性增长的破局点

成长型专精特新企业有战略吗？

客观地说，很多企业还是有战略的，但基本都在老板的脑子里。脑子里的东西，别人看不见摸不着，说得好听叫"战略思考"，不好听就是"瞎琢磨"——只思考而无规划，其实不是战略。

那么，没有战略，企业发展靠什么？很多成长型企业主要靠机会、靠经验、靠直觉、靠悟性。如果这些都对了，企业可能有所发展；但如果错了，企业就会陷入经营困难，走哪算哪，失去方向、目标和动力，最终可能会死掉。因此，战略决定生死。没有战略，企业就没有未来！

这必然要求成长型专精特新企业完成战略性思维转变，也就是要在战略洞察、分析、研判的基础上，制定出能够使企业不断获利增长的战略规划，从而引领企业走向战略性持续发展的未来。

机会性增长与战略性增长

机会性增长是指企业发展更多依靠老板的经验、直觉、灵感、悟性，老板身心疲惫、事无巨细地搞关系、抓机会、抢业务，靠几个能人"大侠"单打独斗，年复一年地只为完成业务目标努力。随着竞争的加剧、经营环境变化以及人才断档或流失，企业增长难以为继。

战略性增长是指企业发展更多靠以老板为核心的高管团队，老板主动地从繁杂的具体业务或事务中脱离出来，通过系统的战略洞察、战略分析、战略研判、战略规划、战略复盘等，学会"看5年、想3年、抓1年"，不是做强做大，而是做专做精，构建核心"专精"能力，创新商业模式，组建奋斗的团队，以持续盈利为目标，实现战略性增长。

由此可见，过去，企业更多是依靠机会性增长，而在未来，企业需要依靠战略性增长才能获得长足发展。

解构企业战略的四要素

有关战略的定义，国内外诸多专家有各自不同的说法，我结合多年战略咨询和教学的经验，为了便于成长型专精特新企业更好地理解，从咨询方法论的角度，从4个方面对战略进行解构（见表3-1）。

表3-1 企业战略解构

战略来源	战略目的	战略核心	战略落地
愿景引领	短期利润	赛道选择	高层共识
顺势规划	长期增长	商业模式	团队执行

（1）战略来源

第一，愿景引领。一般来说，愿景是指10年以上的发展愿望或梦想，实现这个愿景不可能一蹴而就，需要分阶段进行。那么，头3~5年怎么走？这就是战略。只有连续走好几个3~5年，实现每个阶段的战略目标，才能真正实现愿景。因此，朝向愿景的3~5年战略的规划与实施，就是实现愿景的必然步骤。

第二，顺势规划。所谓顺势，包含两方面内容。一是指要顺应国际、国家、行业、产业及地区发展的大势，而不是想当然，更不是"想一出是一出"地拍脑袋决策。古人云"顺之者昌，逆之者亡"，就是这个道理。要做到这一点，就需要对大势进行深度洞察、客观分析和细致研判。二是要依据自身的核心优势（如专利技术、品牌、独有资源等）或可能培育的优势，规划推动企业持续发展的战略方向、目标和路径等，设计好"核心业务""增值业务""种子业务"3层业务价值链，做到"看5年、想3年、抓1年"。事实上，不是有规划就有未来，而是实现今年的目标才可能有未来，也就是企业有战略性增长的可能性。因此，企业的发展应顺势而为，有所为有所不为。

（2）战略目的

第一，短期利润。战略规划设计的目的首先是使企业能够在短期内获得盈利，如果说不清楚从哪些途径挣钱获利，就根本不是战略规划。

第二，长期增长。战略规划不仅要设计挣钱获利的途径，同时，还必须说清楚在获利基础上为实现愿景而要长期提升的能力以及提升该能力的路径等；否则，战略规划就失去了存在的前提，也就没有任何意义了。

（3）战略核心

战略核心包括赛道选择和商业模式。

赛道选择是所有成长型专精特新企业必须做的战略决策，这种选择关系到企业生死。在存在众多不确定的经营环境中，成长型专精特新企业必须做出选择。当前，国家对制造业专精特新企业实行的相关政策，就是为它们指出了明确的发展方向和路径，尤其鼓励企业在"专、精"上下功夫，确保其在产业链或生态圈中有清晰的定位和被依赖的商业价值，这是顺势而为的战略抉择。

商业模式是主要利益相关者之间的交易结构设计安排，是战略的核心内容，也是战略性增长的关键。商业模式创新就是重构企业获利增长的商业逻辑和系统解决方案。企业通过精准锁定客户、发挥核心优势、整合内外部资源，提供产品和服务创造独特的客户价值，并实现满足主要利益相关者利益需求的商业目标。

商业模式的创新核心要素包括价值主张、客户定位、合作伙伴、收入来源、成本结构等。对其中任何一个要素进行调整或创新，就能够带来收入来源变化，实现收入增长及商业模式的创新或重构，从而改变企业获利增长的商业逻辑。所以，商业模式的重构是企业战略不断迭代升级、实现战略性增长的必经之路。

商业模式要具备清晰性（简单明了）、独特性（我有你无）、可复制性（我能你不能）和爆发性（非线性、几何级数）等主要特征。专精特新企业重点要在"独特性"上下功夫。只有独特，才可以自己不断复制而别人不能复制，才有可能实现爆发式增长，并获得较高的差异性利润。

（4）战略落地

战略落地需要企业高层达成共识和团队执行。

通过高层达成共识达到战略落地的目的，有两步要走。

第一步是开好复盘会。复盘会包括总结回顾、自下而上、自上而下3个主要步骤。

第二步是企业高层进行战略规划与战略解码。所谓战略解码，就是通过"八步法"，根据战略规划确定战略重点，明确经营目标，落实经营责任，设计实现路径，实现考核激励等，将战略增长的可能性进一步分解、细化、量化，做到经营有章可依，体现"千斤重担众人挑，人人头上有指标"。

"八步法"的第一步是回顾战略成果，依据企业3年战略规划和主要目标，确定次年（当年）战略重点；第二步是分析外部环境和内部问题等关键成果要素，理解、澄清企业期望和客户需求，提出调整的方向、目标和任务；第三步是依据关键成果要素分析，思考、确定、分解企业次年（当年）经营目标、关键结果和经营预算；第四步是依据目标和关键结果，制定企业的年度"硬仗"清单；第五步是对每一场"硬仗"进行明确界定和量化描述；第六步是将年度"硬仗"分解细化成具体的行动计划；第七步是将企业"硬仗"和行动计划落实到个人，并与个人绩效合约挂钩；第八步是对内容的宣传贯彻、对月度或季度成果进行周期性检核，以及年度战略复盘。

根据战略规划，从总裁到各业务线都要确定年度战略重点及经营目标，表3-2为总裁的年度战略重点和经营目标。

特别要强调的是，作为战略重点的"管理提升"，不是为了做管理而做管理，而是为了促进业务、推动经营、实施战略，这才是管理存在的价值。

团队执行指以总裁为核心，带领中高层员工并组织全体员工聚焦战略、履行职责、执行计划、完成绩效，全力以赴实现战略目标。

表3-2 企业总裁的年度战略重点和经营目标

战略重点	关键成果要素	要素分析 现状	要素分析 改善	年度目标（O）	关键结果（KR）	经营预算	完成进度 一季度	完成进度 二季度	完成进度 三季度	完成进度 四季度	绩效标准	权重
业务增长	销售增长			销售收入5亿元			1亿元	1.5亿元	1.5亿元	1亿元	100%	20
	利润增长			利润5000万元			1000万元	1500万元	1500万元	1000万元	80%	30

续表

战略重点	关键成果要素	要素分析 现状	要素分析 改善	年度目标（O）	关键结果（KR）	经营预算	完成进度 一季度	完成进度 二季度	完成进度 三季度	完成进度 四季度	绩效标准	权重
管理提升	10个单位正职后备干部配置与考核			10人配置完成，考核达标				5人	5人		100%	15
管理提升	管理规范化建设			2个系统信息化建设完成				项目研发管理信息系统完成	供应商管理信息系统完成		100%	15
创新发展	创新业务规划			新业务规划获得董事会审批					完成		100%	20

战略制定小结

愿景引领下的战略制定，主要有3个方面（见图3-1）：

第一，选赛道。准确地聚焦产业链或生态圈中的核心领域，用"专精特新"宗旨指导构建清晰的定位和被依赖的商业价值。

第二，创模式。精准锁定客户，选准特定场景，运用核心能力，创造独特的客户价值。

第三，做解码。确定战略重点，明确经营目标，落实经营责任，设计实现路径，实现考核激励等，做到"千斤重担众人挑、人人头上有指标"。

总之，战略是选择、是方向，方向选定后，人、财、物等资源就投向那里，目标就定在那里。对于成长型专精特新企业来说，这一点尤为重要，绝不在非战略领域浪费战略性资源。

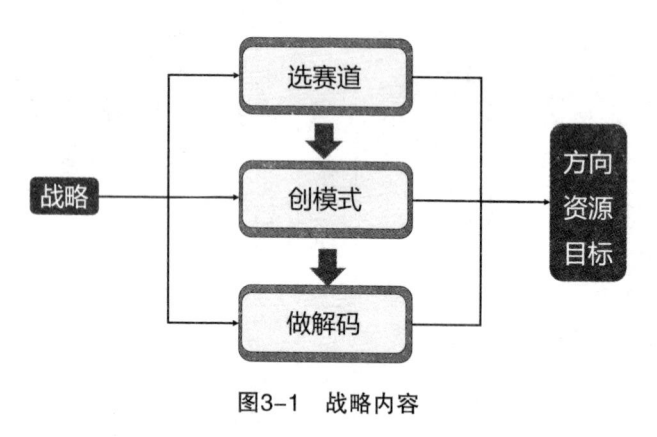

图3-1 战略内容

战略执行——战略性增长的保障线

小成功可以靠个人，大成功则需要靠组织、靠团队。

在企业文化价值观的引领下，为保障战略目标实现，高管团队要对现有组织的责、权、利进行系统优化，构建能够保障战略性增长的组织机制，让人才愿意来，并且还要留得住、用得好、付得起，让整个企业充满活力和战斗力，实现从"不得不做"（have to）到"想做"（want to）的转变，进而打造一个为使命愿景和战略目标奋斗的执行团队。但是更为重要的是，企业做了战略解码，有了战略重点、经营目标和执行团队，又要如何为实现战略目标而执行战略？

战略执行的核心是企业运营管理。

如前文所述，经营目标来源于战略解码，经营增长取决于战略执行。为实现经营目标，各条业务线都要定目标、抓过程、拿结果，实施企业运营管理。

什么是运营管理？运营管理就是把经营目标变成经营绩效的过程管理。运营管理强调的核心思想是"要结果重点在过程，好过程才会有好结果"，这与很多成长型企业老板经常讲的"我只要结果，不管过程"正好相反，这也是近20年来这些企业做不好、做不强的根本原因。运营管理的本质是绩效管理，实现经营绩效增长全过程的管理闭环，是一整套创造高绩效的可行性保障机制。

运营管理的4个步骤，是指绩效目标、计划执行、过程检核、问题改进。这4个步骤持续不断地循环往复，保障整个运营管理形成闭环（见图3-2）。

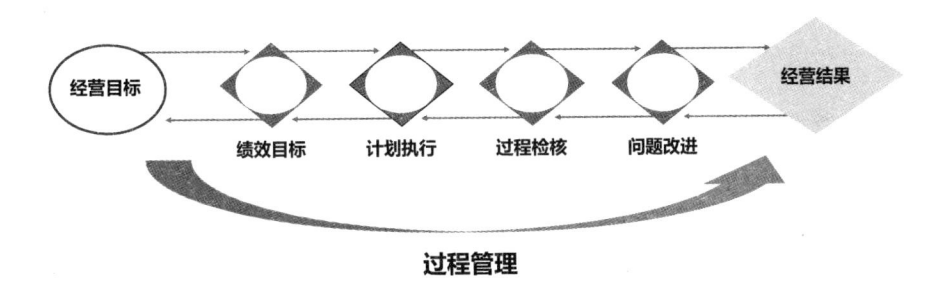

图3-2 运营管理的4个步骤

运营管理的国际化理念来源于美国质量管理专家沃特·阿曼德·休哈特的PDCA循环理念，他将质量管理分为4个循环反复的步骤——计划（plan）、执行（do）、检查（check）、处理（act），这4个步骤在循环的过程中通过不断学习而持续改进。但对于成长型企业的实际应用来说，存在一些核心问题（见图3-3）。

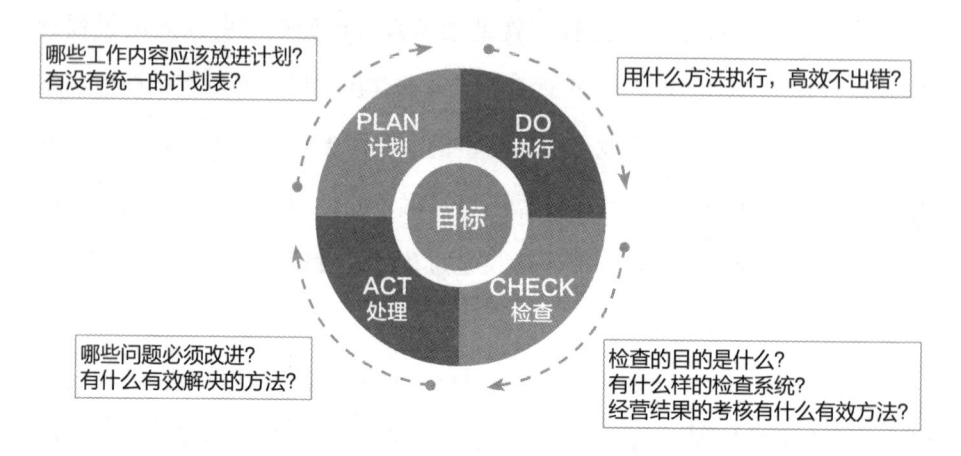

哪些工作内容应该放进计划？
有没有统一的计划表？

用什么方法执行，高效不出错？

哪些问题必须改进？
有什么有效解决的方法？

检查的目的是什么？
有什么样的检查系统？
经营结果的考核有什么有效方法？

图3-3　PDCA循环在应用中存在的核心问题

运营管理的本土化实践，根植于中国成长型企业长期咨询培训实践的创新式应用，用简单实用的方法和工具回答PDCA循环在应用中存在的4个现实问题，创立了以实现战略性增长为目的的绩效增长的4P运营创新模式：P1，绩效目标有价值；P2，计划执行有流程；P3，过程检核有系统；P4，问题改进有方法（见图3-4）。

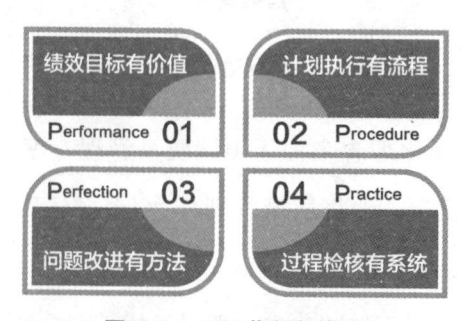

图3-4　4P运营创新模式

（1）P1：绩效目标有价值

绩效是经营结果，只有聚焦战略目标、聚焦内部客户、聚焦老板关注的结果（即当期结果的重中之重）的"三聚焦"经营结果，才是有价值的绩效。这种经营结果还必须是关键的、少而精且量化的结果。我将这样的绩效结果称为关键绩效结果（KPR）。

以下介绍绩效目标"五定"法。

一是定职责。对岗位职责进行分解，中层及以上员工既有业务职责又有管理职责（包括成本控制、团队建设、制度建设），这是中层管理者存在的重要价值。其他岗位只有业务职责。

二是定结果。符合"三聚焦"的关键绩效结果列入计划，中层正职以上员工每周/每月/每季通常4~6项；日常工作不列入计划；而且要确定一项重点结果，权重最高，也即老板关注的结果。也即所谓的先抓关键、再抓重点。

三是定标准。绩效实现的数量型结果的标准可以大于或小于100%，事件型结果都是100%。

四是定过程。执行计划过程按年分为4个季度，按季分为3个月，按月分为4周，按周分为7日，抓日保周，抓周保月，抓月保季，抓季保年，也即抓过程保结果，同时也要明确过程检查的关键节点——只要更换日/周/月/季的时间周期，就能形成4张计划表（见表3-3）。

五是定权重。绩效结果的权重最高分不超过40分，最低分不低于10分。

其中，有绩效考核的周期是"五定"，没有考核的周期则是"四定"，即没有权重。比如，以月度为考核周期，那么每周就无须考核，做周计划的时候没有"权重"这项，只有定职责、定结果、定标准、定过程4项。

表3-3 月计划模板

××公司月计划/月报

姓名			岗位					直接领导		检查人		日期			
职责模块	序号	关键绩效结果（KPR）	绩效标准	执行过程				费用预算	权重	实际完成情况			改进效果		备注
				第一周	第二周	第三周	第四周			完成结果	实际得分	未完成的原因	改进措施	完成时间	
成本控制															
团队建设															
制度建设															
委派工作															
总分															

（2）P2：计划执行有流程

按流程规范做，高效且不容易出错，即运用"流程复制"法。当没有流程规范时，大多数人做工作是靠经验、任性或领导指令（基本也是依靠领导的经验）。特别是没有经验的"小白"，必然会出现这样那样的错误。真正高效的工作执行，是根据之前的总结萃取出优秀经验，并将其分解、固化形成流程规范，保证执行结果的正确。所以说，按流程规范做，才能高效不出错。

流程的含义是工作的顺序、方法和标准。掌握了流程，员工就可以做到"傻瓜式操作"，企业也可以形成"铁打的营盘、流水的兵"，不怕人员流动。

流程的来源是对优秀经验进行分解和固化，使它们变得可复制。企业通过不断地优化流程、训练员工、复制团队，变得不再依赖牛人"大侠"，人人皆可为"圣贤"。

应该看到，很多企业的牛人"大侠"是不愿意经验被分解、固化和复制的，因此，需要从老板和高管开始带头分解、做出表率，形成自上而下的推动力，同时也需要给予一定数额的预算来支持。具体如何编写流程，此处不再赘述。

(3) P3：过程检核有系统

经营过程的检核，主要通过"岗位自查、职能检查、上级检查、总裁检查"等检查系统，并将检查重点放在关键人物、关键事件、关键节点这3个关键要素上，确保目标的设定、执行过程及成果均处于可控状态，实现检核的核心目的。

经营结果的检核，主要是运用"KPR质询+公开述职"法。

KPR质询即召开经营质询会，按标准化会议流程，依照"先业务、后支持、再职能"的顺序，由各部门正职汇报月（季、周）报及月（季、周）计划。以总经理为主质询人，针对中层及以上人员在目标设定、执行过程、成果达成方面进行公开质询，完成月度（季、周）定期质询与考核，高效、全面掌控执行的全过程。

公开述职指的是干部在公开述职会上述职。以董事长为主质询人，重点针对总经理、副总经理等高层管理者，进行半年度或年度的经营结果考核与价值观评价。企业通过述职会，客观、全面地掌握执行领军人的工作情况。

（4）P4：问题改进有方法

针对检核中发现的"重大问题久拖不决""经常出现相同的错误"两类经常性问题，企业应当实施改进，可以采用"改进会+GROW"法。

改进会即聚焦某个明确具体的问题，通过查找问题根源，找到解决方法，明确责任到人，实施改进，实现问题的彻底根除，并建立复核机制，争取不再犯（见表3-4）。

GROW法则指通过采取关注"目标"（goal）、"现状"（reality）、"机会"（opportunity）、"意愿"（will）的绩效面谈方法，帮助员工明晰目标，认清现实，发现问题（目标与现状之间的差距），找到解决问题的方法和成长的机会，给意愿强、能力弱的员工有效地赋能，使他们提高能力，完成绩效，获得收益，快速成长。

开改进会、用改进表的过程中，寻找问题根源是难点，尤其要找到个人原因。咨询服务的经验表明，绝大多数问题都是个人知识、经验、技能和意愿等方面的原因造成的，所以，务必找到个人原因。一定要将所有解决问题的办法都形成流程规范等管理机制，还是那句话：按流程规范做，就能高效不出错。

第三章 经营战略与品牌定位

表3-4 问题改进表

姓名		部门		职务		
需要改进的问题						
参加人	本人＋上级＋业务相关人员（8人以内）				时间	
原因分类	具体原因	描述现象（每次不超过3个）	发现根源	改进方法和措施	改进承诺	责任人
个人原因						
公司原因						
外部原因						

战略执行小结

战略执行的本质即企业运营管理，是战略落地、战略目标实现的根本保障。企业必须要实施运营管理——从"经营目标"到"经营结果"的过程管理，只有过程好，结果才会好，才会有好的经营绩效。4P运营创新模式就是一套保障经营绩效实现，高效可行的管理机制，执行这一模式，企业就不再需要靠人盯人的"人治"。只有实现经营绩效的持续增长，企业才能实现战略性增长。

综上所述，成长型专精特新企业的未来持续发展，是战略性增长的结果。战略制定需要企业创始人的战略思维、战略洞察、战略决断和战略规划；而好的战略，又离不开好的战略执行。企业创始人和经营管理层只有充分理解、认同企业战略的必要性和可能性，才能真正达成战略共识，形成战略执行的内在激励，这也会成为企业员工追求美好愿景和宏伟目标的强大精神动力。同时，只有用一套机制管理好战略执行中的目标、过程、结果，企业才能把战略的可能性变成执行的可行性。否则，再好的战略也只是空谈。战略和执行二者相辅相成，缺一不可。这就是企业创始人引领企业从战略制定到战略执行，保障企业有效增长、持续经营的基本逻辑。

> 作者简介：
>
> 李伟旗，细分行业龙头企业绩效咨询辅导专家、企业经营诊断全科医生、企业家私董会导师。十余年间在清华、北大、人大、浙大、中大等高校总裁班授课，拥有十余家细分行业头部企业咨询辅导实践经验，以及工商银行、中国石油、宏源申万证券、航空工业成飞集团、成都航天塑模股份有限公司、中国电科、君乐宝、以岭药业、六国化工等数百家知名企业中高层专题培训经历。

第三章 经营战略与品牌定位

专精特新企业的品牌创建逻辑

大部分企业对品牌创建的认知主要基于消费者市场。一提到品牌，企业首先想到的是打造一个超级符号，做各种形式的广告，请明星代言，设计一些更为高档漂亮的形象包装；时尚一点的就是请关键意见领袖（KOL）或者关键意见消费者（KOC）来推广……这些都是消费品企业（面向消费者市场的企业）几十年来创建品牌的方式，它们已经给人留下了太深刻的印象。

这种创建品牌的模式，宝洁和可口可乐两大快消品牌做得尤为成功，甚至可以说在某种意义上，创建消费品品牌模式就是"宝洁式"或者"可口可乐式"的。它的核心特点就是将品牌创建等同于各种推广手段，等同于"烧钱"。因此对于没有钱的中小企业尤其是专精特新企业而言，是不敢碰"品牌创建"的。专精特新企业与消费品企业的营销方式有巨大的差异。我也看到大部分专精特新企业面对这个问题的无知和无奈，甚至有不少专精特新企业——无论是卖材料还是卖设备——都认为品牌对自己来说没有用。

品牌对这些专精特新企业真的没有用吗？如果看看正泰电器、海螺水泥、金螳螂这些面向市场提供材料、设备或解决方案的上市企业，就会知道，专精特新企业更需要品牌。这些上市企业的年报中，无一例外地将品牌资产作为各自企业的核心优势之一。

显然，一些人的专精特新企业品牌"无用论"的看法是短视的，这可能是因为这些人所在的企业没有像上述上市企业一样尝到品牌的甜头，他们自然容易产生这样的误判。

那么为什么会出现这种误判？仔细观察，就会发现他们直接套用了消费品企业的品牌价值判断方式来判断专精特新企业的品牌价值。消费品企业品牌价值最显著的表现是价格高于非品牌产品，比如奢侈品牌的包和服装。其他消费品企业虽然可以有同样的产品品质、同样的生产工厂，但只要换一个品牌标识，价格就可能天差地别。

以这个视角看专精特新企业品牌，即使是水泥行业公认的标杆——海螺水泥，其产品价格至多不过高出同行5%，而且海螺水泥只有在离生产地最近的市场中才可获得溢价。如果要进军距离自己工厂较远的、竞争激烈的市场，它的价格甚至比对手的价格还低。

这不就证明了专精特新企业的品牌没有用吗？观察的视角不同，得出的结论也不同。这里首先要给大家建立的认知是：专精特新企业品牌的作用点与消费品企业品牌的作用点是不同的。

专精特新企业品牌与消费品品牌有何不同

在消费品市场中，品牌的作用主要通过高溢价体现，因为产品可以被直接感知；而专精特新企业品牌的溢价却有限，这是因为一方面产品感知有限，另一方面根据不同品牌商竞争策略之间的差异，产品价格甚至还会更低。所以不能用这个视角来判断专精特新企业品牌价值。

那么，应该以什么视角理解品牌的作用？

在我做过的100多个行业咨询案例中，我发现，专精特新企业的品牌价值在于企业能够比竞争对手获得更多的订单委托，更容易得到投标资格。

第三章 经营战略与品牌定位

这样的品牌价值对于专精特新企业而言十分重要，甚至大大超过了品牌对消费品企业的重要性。这是为什么？一是因为消费品大多是低价值产品，价格也不高，消费者即使决策错误也不会觉得很可惜，也就是说感知风险较低；但专精特新企业生产的产品大多是大宗买卖，一旦决策错误则风险巨大。二是因为对于消费品而言，顾客是看到产品再下单，感知风险自然小得多；但是专精特新企业的客户是在看不到产品的情况下下订单的，并且支付预付款后，受托方才开始生产制造，基本付清尾款后才能得到完整的产品或服务，这就大大提高了客户决策的风险。这也是大部分专精特新产品的买家要到卖家工厂进行实地考察的原因之一。

因此，专精特新企业要促使客户下订单，除了实地考察，品牌的知名度和美誉度也十分重要。它们大大助力了客户做出购买决策，减少了客户对产品不确定性的风险感知，从而提高了客户的购买效率，也提高了专精特新企业的业绩增长能力。所以，专精特新企业创建品牌的意义其实大于消费品企业。消费品企业创建品牌，必须用强大的知名度来奠基，专精特新企业却未必。这是因为消费品市场上的每一个新产品都必须花巨大的代价才能进入人们的心中。比如洗发水、碳酸饮料、蛋白粉，为了让消费者心目中有洗发水、碳酸饮料、蛋白粉等概念，品牌方要花巨大的代价培育市场，这就是俗称"大单品战略"的由来。这些品类的市场培育的代价何其巨大，因为要让千家万户都知道你，对于许多中小企业而言是无法完成的任务，更何况消费者脑子里有了这个产品的概念后，市场中必然会有许多竞争品牌跟进。

而专精特新企业则多是订单制的，客户在委托前对自己的产品需求已经清晰，企业不需要培育市场；专精特新企业按照客户需求来研发、创新产品，与客户一对一接触、面对面沟通，需求把握不是问题。因此，专精特新企业大量"烧钱"做广告反而是舍近求远，购买者是专业采购，并不需要被教育。因此对于这些企业来说，创建品牌的焦点不是大把"烧钱"砸知名度进行普遍告知，而是在洞察客户的需求后，尽最大可能满足客户需求。而这些客户的需求一般集中在质量、价格、交期、资金账期、过程服务上。

在专精特新企业中，上游企业提供的材料品质，关乎下游企业产品的品质；上游企业的购买价格，关乎下游企业的产品制造成本；上游企业的及时交付，影响下游企业的生产任务计划的完成；上游企业的资金账期，关乎下游企业的产值增长、成本降低……于是在这些要素上的比拼，成为专精特新企业创造客户价值的关键，是竞争的焦点。

正因为如此，专精特新企业之间的"战争"往往十分激烈。一是因为这些企业直接在一个标的上短兵相接，竞争充满刀光剑影；二是因为下游企业往往数量有限，需求是刚性的，下游企业并不会因为上游企业做了广告、给予了更优惠的价格而马上扩大产能；三是因为专精特新企业进入和退出的行业壁垒比消费品企业高……这些因素的交织，导致专精特新企业进入市场后，尤其在产品成熟期供给超过需求时，竞争异常激烈。

专精特新企业陷入价格战怎么办

品牌是差异化的竞争战略。无论是消费品企业还是专精特新企业，当战火纷飞、价格战不可避免时，企业就必须举起品牌战的旗帜。因为价格

第三章 经营战略与品牌定位

战的本质是产品相似，而品牌就是从相似中突出差异的武器。

但是基于客户的心智创造的品牌差异，是有层级区分的。

最低级的差异就是名称、标识上的差异。这类差异花的代价最小，请一个设计师就可以解决，但越容易得到的越容易失效。

中级差异就是将自己"涂脂抹粉"，与对手形成差异：比如找一些明星代言，做一些吸引人眼球的广告……这类差异的形成比简单取个名字、定个企业标识（logo）显然要复杂些，"化妆"水平高的，短时间内也能唬人，但经不住时间的打磨，而且还容易被对手模仿。被模仿了，差异也就没有了。

高级差异是竞争战略上的差异。如果企业基于对战略环境的深度研究，为自己打造核心竞争力，那么核心竞争力就能成为企业的"护城河"，其他都是配合要素。这就是今天专精特新企业品牌战中要使用的差异法，也是最高段位的战法，即我为企业提供的"品牌闭环创建战法"。它经过百余家企业检验，是非常有用的实战技法。

企业要建立最高段位、有"护城河"价值的差异，就需要读懂竞争逻辑。

研究市场竞争环境的目的是建构竞争战略，因为专精特新企业与客户是面对面交互的，用给自己"涂脂抹粉"的方式来创品牌，显然太肤浅、太表象，把戏很容易被拆穿。所以，专精特新企业创建品牌的核心是竞争战略而非竞争战术。

那么专精特新企业品牌竞争的逻辑到底是怎样的？专精特新企业的品牌竞争逻辑如何研究？具体研究时应该如何思考？我将通过一个案例

进行解读。

时任中国建材集团有限公司（以下简称"中国建材"）董事长宋志平（已退休，现任中国上市公司协会会长），时任总裁曹江林，时任中国建材南方水泥集团董事长肖家祥率领的中国建材水泥业务板块的团队，在短短几年里创造出一个"神话"：将中国建材从没有一两水泥的企业，变成了千亿级水泥规模的世界大企业，项目取得巨大成功，案例入选哈佛大学案例库，成果入选全国企业管理现代化创新成果审定委员会发布的《第二十九届全国企业管理现代化创新成果名单》。这个案例中的竞争战略思想值得思考和学习。

我的团队有幸参与了这个"神话"缔造的咨询项目。我们承接研究的项目背景是中国建材水泥业务板块的核心企业之一南方水泥有限公司（以下简称"南方水泥"）在收并300多家企业后，如何进行市场整合、管理整合与品牌整合？项目从2008年开始，陆陆续续持续到2019年，在这个过程中，我们也承担了北方两大水泥企业亚泰水泥和冀东水泥的联合经营项目咨询，因此对中国建材这个项目的竞争逻辑有了较为深刻的解读。

下面就这个项目背后的竞争逻辑进行详细解读。

2007年，以浙江为核心的中国南方水泥市场上，竞争的状态是怎样的？

首先是僧多粥少，行业产能已存在30%过剩。这种情况放到其他行业，就会出现优胜劣汰的现象，一些企业会主动退出市场。但这时候的水泥行业却不一样，水泥企业基本都已经更换了新的生产设备（新型干法生产线），彼此实力相当（当时浙江省共有222家水泥企业，排行前3的企业所占市场份额仅26.98%，企业平均规模仅47.5万吨）。在这种情况下，谁也不服谁，结果必然是血战。恶性竞争的结果是，水泥产品平均利润降到2元/吨，而且还是大家一年中平均停窑时间58天的情况下。

即使打得如此激烈，如果在一个异质市场，比如女性时尚服装市场，竞合未必可行。因为需求差异太大了——你的审美与我的审美完全不一样，因此各家企业靠圈住一小部分市场，都有饭吃。参与时尚女装这个市场的竞争，靠的是款式设计快又时尚的能力。但在水泥制造这个传统行业，客户价值却大不一样。从需求角度看，客户购买水泥最关注的是什么？是价格、产品性能、质量、付款方式（垫资）、供货保证、快速响应与服务。

不同的客户对这些要素的优先度排列顺序可能不一样，比如一个做管桩的大企业在价格便宜的基础上更在乎产品的质量性能、供货保证和快速响应；而一家建筑公司，在价格便宜的基础上更关心付款方式。但无论是管桩厂还是建筑公司，对普通标号水泥这个无差异标准化产品——一种基础材料和生产资料，价格都是客户第一关注的。因此，普通标号水泥行业的竞争本质上就是价格竞争。这个认识非常重要，企业只有看透了竞争的本质，才能把握住战略的核心。

普通标号水泥主要指325、425、525，目前水泥行业主要就是这些水泥产品。特种水泥需求量小，这里不做探讨，但如果是特种水泥，竞争关键要素是不一样的。

水泥的产业链包括矿山（石灰石矿山和煤矿）资源输入、熟料生产、粉磨、物流运输和区域分销（见图3-5）。

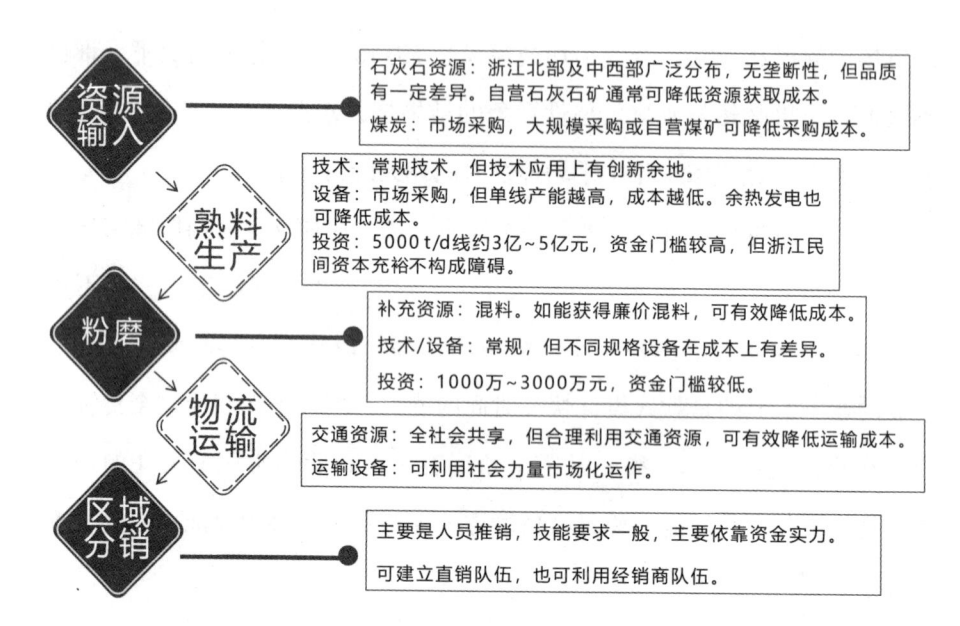

```
资源输入 ──→ 石灰石资源：浙江北部及中西部广泛分布，无垄断性，但品质
             有一定差异。自营石灰石矿通常可降低资源获取成本。
             煤炭：市场采购，大规模采购或自营煤矿可降低采购成本。

熟料生产 ──→ 技术：常规技术，但技术应用上有创新余地。
             设备：市场采购，但单线产能越高，成本越低。余热发电也
             可降低成本。
             投资：5000 t/d线约3亿~5亿元，资金门槛较高，但浙江民
             间资本充裕不构成障碍。

粉磨 ──→ 补充资源：混料。如能获得廉价混料，可有效降低成本。
         技术/设备：常规，但不同规格设备在成本上有差异。
         投资：1000万~3000万元，资金门槛较低。

物流运输 ──→ 交通资源：全社会共享，但合理利用交通资源，可有效降低运输成本。
             运输设备：可利用社会力量市场化运作。

区域分销 ──→ 主要是人员推销，技能要求一般，主要依靠资金实力。
             可建立直销队伍，也可利用经销商队伍。
```

图3-5 水泥行业价值链战略环节分析

从整个供给链条来看，产业早期和成长期，企业要参与水泥行业竞争，可以选择在整个产业链任何一个环节进入，只要产品可靠，就可以分得一杯羹。卖石灰石的有矿就可以，做熟料生产的从设备市场上采购就可以，技术很常规化。

这两个环节主要的问题是对资金的要求比较高。那时候，5000 t/d熟料线要5亿~7亿元；粉磨线投资少一点，但也要5000万~1亿元。相比卖饮料的行业，水泥行业的几个环节显然属于资金密集型，因此相对来说进入的都是财大气粗的企业。那些没有资金的企业就去投资物流运输环节，技术含量不高，进入门槛低。如果做经销商，就得看资金实力，资金实力决定了分销的市场半径，入行早，就有机会，也没有很大的技术含量。

与卖可乐等消费品相比，这类企业对营销的要求低得多。因为不需要

第三章 经营战略与品牌定位

多少产品知识，买家都是内行，关键是售价。企业的销售人员本领再高，价格没有竞争力都是空话。

可是到了产业成熟期就不一样了。那些投了上游矿山熟料的，矿与窑投了那么多钱，技术设备如果是按照国家标准要求配置，都差不多。所以各家企业都会认为，凭什么要我关门，你不关？

各家企业这时候发现，如果要继续在价格上有优势，就不能只做产业链上的某一段。如果原来只做熟料，现在可以往上游走——买矿山，或者往下游走——买粉磨站，抑或做大客户直销、分销网络，控制终端。必须完成整个产业链的整体布局，在每一个环节上都赚点利润，才能获得整体优势。

我在调研中发现，一些有战略眼光的企业，比如嘉兴的芽芽水泥，已经在嘉兴地区建起了产业链。上收石灰石、矿山做熟料，下购粉磨站，有自己的运销商，还有直接抓客户的销售队伍。所以当别的企业在行业内血雨腥风地竞争时，这家企业靠着嘉兴这么好的市场"地利"以及综合成本优势，依然每年有几千万元的利润。但是相对地，大部分水泥企业此时都是苦不堪言。

在水泥行业成熟期参与市场的竞争，很难像手机行业的芯片环节、女装行业的设计环节，靠某一个战略环节的核心能力超常赢得价格竞争。

在普通标号水泥这个行业里，每一个环节都不是竞争的核心，如此，就不存在其他行业所必需的核心资源或核心技术。所以，这个阶段水泥行业的核心竞争力来自对各种非核心资源的综合运用，其实质是通过对整体产业链的资源进行整合来获得竞争优势。

这又如何做到呢？

显然，这种综合布局和管控不需要重新从建立产能开始，大量产能过剩的情况下，企业需要的是按照战略整体规划整合产能。而这种整合的切入口，按照竞争要素的推演，我最后提炼为资金、技术、人才和企业文化4个要素。每个要素又内含几个其他要素（见图3-6）。

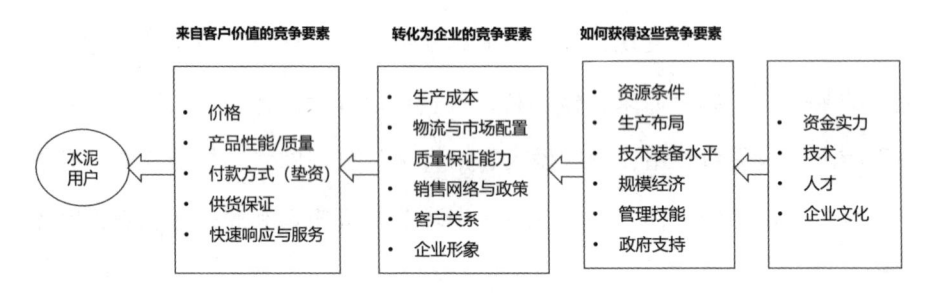

```
来自客户价值的竞争要素        转化为企业的竞争要素         如何获得这些竞争要素

          · 价格                · 生产成本              · 资源条件           · 资金实力
水泥  ←  · 产品性能/质量    ←   · 物流与市场配置    ←   · 生产布局       ←   · 技术
用户     · 付款方式（垫资）     · 质量保证能力          · 技术装备水平       · 人才
          · 供货保证            · 销售网络与政策        · 规模经济           · 企业文化
          · 快速响应与服务      · 客户关系              · 管理技能
                                 · 企业形象              · 政府支持
```

图3-6　水泥制造企业竞争要素

中国建材必须回答一个问题：要实施整个大战略，需要图3-6的4个竞争要素——价格、生产成本、资源条件、资金实力，那么，企业能够提供吗？兼并收购和重组需要大规模资金，要让企业愿意被兼并重组，并在中国建材没有马上给出现金的情况下信任它，同时觉得只有这样做才有前途，如果没有大企业的品牌形象背书，是不可能做到的。

2007年，这场中国水泥史上以竞合为战略核心参与市场竞争的"神话"就开始书写了。把握这个战略商机的核心就是整合。在确定通过供给端进行整合后，数百家企业原来的老板变成了南方水泥的区域经理，市场如何划分，管理如何进行，品牌要不要统一以及保留和统一各有怎样的利弊，这些是在整合中必须深入研究和思考的。

在这个项目中，我的团队也做出了很多建设性思考，如浙江市场按照环太湖流域进行市场分配，而不是按照企业所在地分配；对实行单一品牌和多品牌进行了利弊分析；不同品牌结构下企业与渠道经销商的分销布局和资金的关系，如何影响企业的利润和竞争格局；中国建材水泥业务板块的品牌定位战略；南方水泥新的组织结构如何设计，职能如何分配……这些想法也得到了中国建材曹江林与肖家祥两位业务总裁及高管团队的充分肯定。

小结

专精特新企业的竞争规律与消费品企业是有显著差异的，这种差异决定了面向这两种性质不同的市场，其品牌创建模式的差异。大多数人脑海里的品牌认知都是宝洁模式、王老吉模式，但是拿着消费品品牌创建模式来创建专精特新企业品牌，是南辕北辙。

人们看不到专精特新企业品牌价值，是不懂、不专业所致。专精特新企业不是不需要品牌，而是其品牌的价值、作用、机理不一样，比如它不是体现在价格的溢出上，而是更多地体现在企业获得投标机会与资格上，以及安全感背书上。

在中国建材水泥这个项目上，如果没有中国建材这个品牌作为背书，没有国资委的背书，南方水泥要在两三年内收购数百家企业，变成千亿级水泥大企，是不可能的。

同时，品牌战略与策略的选择时机也十分重要。南方水泥这个兼并大工程，发生的时机正是在行业成熟期，各水泥企业被打得焦头烂额、苦不堪言时。

中国建材的成功，可以理解为专精特新企业的竞争战法有不同于消费品企业的特点，它可以从供给端入手，而消费品更多考虑的是需求端。中国建材案例同样证明了成熟期行业品牌的重要性。

今天的时代，企业打的不是信息差，而是认知差。

作者简介：

蔡丹红教授，品牌竞争力成长导师，以善于将理论与实战有机融合解决企业问题著称。结构分销理论/公司品牌战略营销体系/咨询式培训创始人，杭州丹焱（原名蔡丹红）品牌营销管理咨询有限公司（始于1998年）首席咨询师。杭州电子科技大学教授，品牌研究院院长，教育部学位与研究生教育发展中心论文评审专家，浙江大学以及诸多名校长期特邀教授级讲师。曾为包括世界500强企业在内的不同行业企业提供专业咨询，担任企业顾问，成效显著。20余年在全国各地培训企业学员达数十万人次。

如何用品牌引领业务发展

专精特新企业在自己的业务领域内往往是翘楚，但品牌建设大多滞后于业务发展。企业经营者可以试着回答以下问题，看看企业的品牌战略是否科学？

1. 市场扫描

贵公司对自己面对的市场规模大小、有哪些类型、各自的区别是什么，是否清楚？对不同市场开发的侧重和次序有明确规划吗？以上问题对贵公司的影响大不大？

2. 客户定位

能用一句话讲清楚贵公司服务的客户吗？贵公司当前在为谁创造价值，未来又将为谁创造价值，目标客户清晰吗？对于哪些是重点客户，哪些是边缘客户，贵公司有清晰的定义和服务侧重吗？以上问题影响大不大？

3. 业务定位

能用一句话讲清楚贵公司是干什么的吗？有没有过去的业务表述在未来不再适用的情况？会不会有客户对贵公司认知错误的情况发生？是不是要花很长时间才能介绍清楚公司是干什么的？会不会有面对不同客户要用不同说法的情况？以上问题影响大不大？

4. 价值定位

能用一句话讲清楚客户为什么要选择贵公司吗？能用一句话讲清楚贵公司为行业创造了什么价值吗？有没有讲不清楚选择贵公司而不选择别人的原因的情况？有没有对不同客户讲不同价值的情况？随着业务发展，公司为行业及客户创造的价值逐渐变模糊了吗？以上问题影响大不大？

带着这些问题，我将介绍"品牌定位资产屋"（见图3-7），并分别就每个要素展开详细介绍。

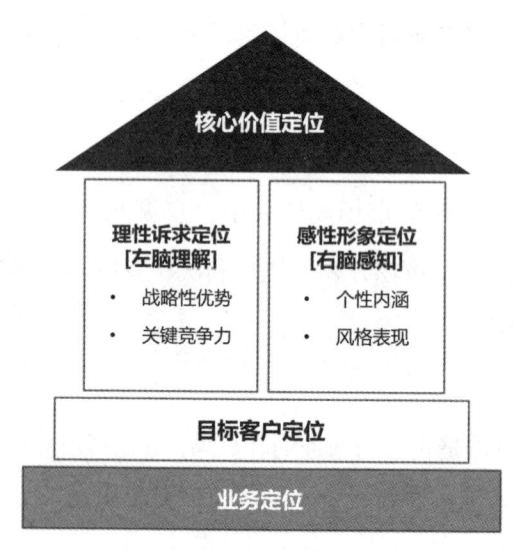

```
                    核心价值定位
        ┌─────────────────┬─────────────────┐
        │  理性诉求定位    │  感性形象定位    │
        │  [左脑理解]      │  [右脑感知]      │
        │  · 战略性优势    │  · 个性内涵      │
        │  · 关键竞争力    │  · 风格表现      │
        └─────────────────┴─────────────────┘
        │            目标客户定位            │
        └────────────────────────────────────┘
        ▀▀▀▀▀▀▀▀▀▀▀▀业务定位▀▀▀▀▀▀▀▀▀▀▀▀▀▀
```

图3-7　品牌定位资产屋

业务定位

业务定位是对企业业务版图与业务边界的精准概括与描述，它是对业务重点与次重点的锁定，也是品牌定位的起点。

什么情况下需要业务定位？一般在企业发布新产品、新服务、新模式时需要，也会在企业业务战略延伸、升级或转型时需要。

业务定位就是要说明企业在干什么、要干什么和将要干成什么样。

业务定位案例

英达科技集团（以下简称"英达集团"）是中国沥青路面养护行业里

第三章　经营战略与品牌定位

最早推广"就地热再生"技术的企业。"就地热再生"技术是对沥青路面进行加热、翻松，掺入一定量的新沥青、新沥青混合料、再生剂等，经热态拌和、摊铺、碾压等工序，一次性实现旧沥青路面再生利用的技术。"就地热再生"技术与传统工艺相比较，有着节省材料费、节省材料运输费、减少交通占用时间、减少断路使用时间的诸多优点，同时不降低道路路面的性能参数、结构强度及路用性能。

英达集团拥有材料运输的"运料车"、沥青材料生产的"热再生机"、养护设备"修路王"、平整路面用的"摊铺机"、修复路面用的"补缝机"等设备，因此自称"热再生设备专家"。这个业务定位，让该集团拥有了更大的市场。

后续发展中，英达集团不仅立足装备业务，还进行了业务延伸，如向前延伸至规划设计与研究，向后延伸至工程施工甚至培训业务。每个业务拆开独立面对市场竞争，这个民营企业可能算不上什么，但合并在一起就非常厉害了。然而，英达集团每次介绍自己时都说不清楚自己的业务属性，即业务定位不清晰。有人说"四位一体"，但客户不知所云；有人说"一体化定制沥青路面养护解决方案提供商"，这句话表述的意思是对的，不过文字太多，并不利于记忆和传播。

怎么办？英达集团最后的业务定位是"公路医生"。

首先，"公路医生"的形象立意很高，建立的是一个为国家基建添砖加瓦的优质形象，这成为英达集团与政府沟通的敲门砖；其次，用词形象生动，外行也能看懂，便于企业在众多竞争对手中脱颖而出，让人觉得公路养护中无论出现哪方面问题，都应该首选英达集团；最后，"公路医生"

适用于英达集团业务延伸后的任何业务，无论是老业务还是新业务都可以共同成长。

目标客户定位

为什么需要目标客户定位？因为不是所有客户都有同样的商业价值，平均对待不同的客户，就是对优质客户的不公。

目标客户定位确定的是企业与品牌服务的对象，是生意与业务的来源，是品牌定位的基础，是产品、营销与推广的目标。客户定位的取舍与侧重，就是业务战略取舍与侧重的格局界定。

每家经营型企业一定要有经营目标，而这个目标的实现，则来自客户的购买。客户购买来自哪里？一方面是要把产品卖给更多的新客户，另一方面还要向老客户卖更多产品，即"客户布局＋客户发展"（见图3-8）。

客户布局

- 是否有客户要
- 是否有特色产品
- 卖给更多新客户
- 是否能够盈利
- 是否值得信任

客户发展

- 是否让客户需要
- 是否领先同品类
- 向老客户卖更多
- 是否能够溢价销售
- 是否长期信任

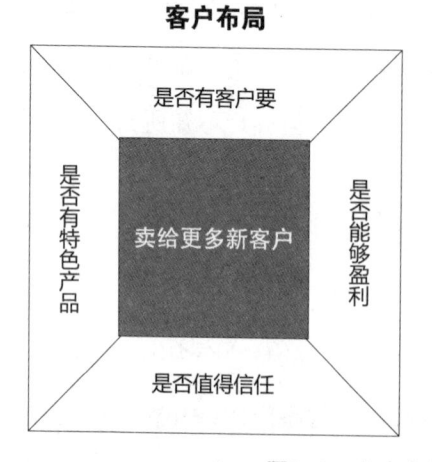

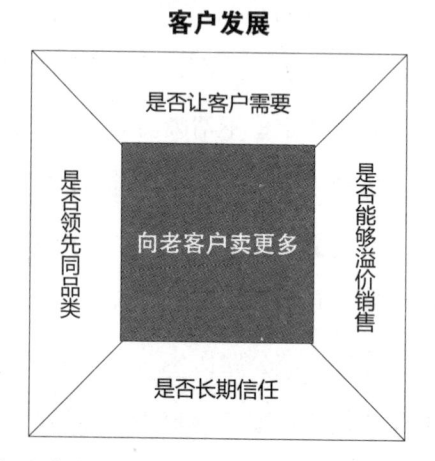

图3-8　客户布局与客户发展模型

从卖给更多的新客户来说，需要考虑：市场有这么多客户吗？我的

第三章 经营战略与品牌定位

企业能有多少客户？如何获得这些客户？这几个问题的答案取决于4点：①产品是否有客户要？②企业是否有特色产品？③企业是否值得客户信任？④企业是否盈利？

从发展老客户、卖给他们更多来说，需要考虑：市场有这么大吗？市场能这么大吗？市场需要靠我吗？这几个问题的答案也取决于4点：①企业是否让客户需要产品？②企业的产品是否领先同品类？③客户对企业是否长期信任？④产品是否能够溢价销售？

最终，客户会分为3类：首要核心客户、战略目标客户和边缘影子客户（见图3-9）。

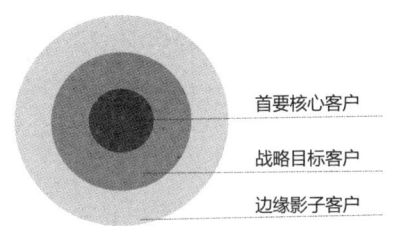

图3-9 客户定位三环图模型

首要核心客户对企业的业务与生意增长有决定性意义，这类客户的需求、行为与心理是品牌定位的依据。首先，他们是标志性客群，可以引领企业的业务与生意增长；其次，他们是品牌定位的依据，企业必须满足或超越他们的需求偏好；最后，在产品营销与推广层面，企业必须首要考虑、优先获取首要核心客户。

战略目标客户是被品牌定位吸引的群体，是长期获取对象，其消费量、消费额对业务品类目标的实现有决定性意义。首先，他们是战略性客群，可以助力实现企业业务与生意增长的总体与长期目标；其次，他们对企业品牌定位表示认同、了解并被吸引；最后，在产品营销推广层面，他们属于长期规划、总体覆盖的对象。

边缘影子客户是连带获取对象，能够自发地影响品牌偏好，而企业无须对他们进行针对性的资源投入。

目标客户定位案例

阿里巴巴起初是一个B2B（商对商）电子商务平台，迅速发展和扩张10年后，一度不知道该何去何从，面临前所未有的业务挑战。挑战一：在卖家和买家心目中形象失衡，流量不够；挑战二：业务高速迭代，层出不穷；挑战三：企业发展太快，新员工比例巨大。

马云提出的"创造新商业文明"要从何做起？如何实现？

企业面临的核心问题，就是究竟为谁服务。如果不明确这个问题，产品、定价就不得而知，业务延伸逻辑也不得而知。

阿里巴巴的最终答案是：首要核心客户是面临生存压力的小企业，战略目标客户是小企业，边缘影子客户是其他电商客群。

这里说的"小企业"的"小"，是一种状态。阿里巴巴定义的"小"不限于规模和行业，也不限于区域。不同企业在发展的任何一个环节，都可能会遇到"小"困难。

因为小企业存在生存难、成长难、发展难的"三难"问题，因此阿里巴巴能给小企业提供的价值，就是解决小企业生意难题，提升小企业竞争力。生存难存在于企业发展的第一阶段，对应能力是"拿订单的竞争力"，因此阿里巴巴的业务延伸有了"诚信通""阿里妈妈""菜鸟裹裹"等；而成长难、发展难存在于企业发展的第二、第三阶段，对应能力是

第三章 经营战略与品牌定位

"人才、管理竞争力"和"资本竞争力",因此阿里巴巴的业务延伸有了"阿里学院""阿里云""蚂蚁金服"等。

阿里巴巴正是因为明确了目标客户定位,才理顺了后续商业逻辑。

理性诉求定位

对于目标客户需求来说,理性诉求定位就是品牌具有战略意义的优势诉求及其所需具备的关键竞争力,通俗点来说,就是客户购买理由。

理性诉求定位具体分为战略优势定位和关键竞争力定位。战略性优势定位,是指已经或者潜在具备的客户价值解决方案,即"人无我有,人有我优";关键竞争力定位,是指支撑战略性优势且超越同行的关键要点,它可以调度企业行动资源。

理性诉求定位的推导分为3个步骤。

第一步,企业优势汇总。

优势大致分为以下4种:

- 资源优势,包括产业链上下游、关键原料等方面的优势。
- 产品优势,包括研发、专利、工艺等方面的优势。
- 服务优势,包括理念、承诺等方面的优势。
- 整合优势,包括品控、规模、资质等方面的优势。

第二步,竞争分析。

了解竞争对手在品牌、产品、销售、传播方向的情况,同时明确自己有哪些优势和竞争力是唯一的,或者还有哪些优势和竞争力没被传播。

第三步，客户需求研究。

客户需求研究即对客户需求的重要性和客户满意度进行双维分析，将其分为4个象限：

1.重要性高、满意度高，是基础利益点；

2.重要性高、满意度低，是金牛利益点；

3.重要性低、满意度高，是问题利益点；

4.重要性低、满意度低，是小众利益点。

一般我们选取金牛利益点与企业现状匹配，并与竞争对手做出区别，超过竞争对手，最终形成理性诉求定位的方向。

有了理性诉求定位，最后需要形成品牌概念。品牌概念是一个品牌满足目标客户某种需求的承诺，包括它为什么可以满足该需求，以及其他一些影响目标客户交易决策的要素描述。

在此介绍一个品牌概念模板——ABR工具。按照这个模板，描述品牌概念应分为3步：

● 首先，呈现消费者洞察（acceptable consumer belief），充分体现对消费者的理解，这样更方便拉近与消费者的距离。如企业优势体现在哪些场景和应用中，或者企业优势能解决哪些问题或痛点。

● 其次，呈现消费者利益（benefit）。针对企业优势能解决的问题或痛点，企业承诺给消费者带来的利益和体验有哪些，即优势表述。

● 最后，呈现说服性支持（reason to believe）。说服消费者相信你，即列出关键竞争力的具象点。

第三章 经营战略与品牌定位

理性诉求定位案例

中国重型汽车集团有限公司（以下简称"中国重汽"）希望用品牌引领业务发展，已经明确了自身的目标客户定位是物流企业。但物流企业的理性诉求，即购买理由是什么？

通过对目标客户需求的重要度、客户满意度进行调研，中国重汽了解到，重要度高但满意度低的金牛利益点是"降本、增效、省心省力"。

中国重汽自身的优势是"历史久、国企信赖、网点多、售后服务好"，而其竞争力是"德国曼（MAN）[1]技术、规模化、客户化"。

最后，理性诉求定位得出结论：企业的战略性优势是"让物流更高效"，关键竞争力是"德国高效曼技术、规模化高效服务、客户化高效方案"。

因为有了"高效"这个理性诉求定位，企业后续的所有产品、服务、活动、传播都围绕"高效"开展。

- 如全勤奖活动。对中国重汽汕德卡持续270万公里运营进行宣传，充分说明企业产品质量好、不出现故障，能实现物流高效。

- 如不停车服务。即如果汽车出现故障，中国重汽最近的服务网点会第一时间调配一个车头让客户继续进行物流运输，不耽误做生意，待修好了再过来换车头。这样的服务让车主业务运作更高效。

- 为了体现其产品节油的特点，中国重汽还举办了"中国重汽曼技术

---

[1] 德国曼集团成立于1758年，是一家欧洲领先的卡车、客车和柴油发动机制造商。

产品实况挑战赛——'油'你控制，'效'傲天下"活动。按照5年100万公里、行业平均油耗33升/百公里、柴油价格7.5元/升计算，5年化客户收益可达38.36万元，其产品极大提升了车辆运营的收益。

● 体现产品质量的"百万公里无大修"活动。因为维修会耽误车主做生意，影响效率。

自2017年开始，中国重汽获得了中国商用车第一的市场占有率。

感性形象定位

感性形象定位包括个性内涵和风格表现两个方面。

个性内涵指品牌特别的"性格倾向"，即将品牌特性拟人化为可被感知的心理特质，如外向或内向、阳刚或温柔、动感或内敛等。

风格表现指品牌独特的外在表现，是品牌外化的言语方式、行为方式和情感方式等，包括但不限于logo、视觉形象设计、符号、代言、赞助等表现形式。

如果感性形象定位与目标客户的偏好相匹配，与品牌理性诉求相匹配，就有利于品牌的认知、美誉与忠诚度提升。

核心价值定位

核心价值定位是品牌与企业超越商业利益的价值责任内核，是有口皆碑的声望所在，分为内向型核心价值和外向型核心价值。内向型核心价值是企业长期坚守的行业理念或愿景使命；外向型核心价值一方面要确保全面营销推广的一致性，另一方面要确保全部业务与产品的关联性。

第三章 经营战略与品牌定位

所谓的"核心"包括以下3点：

1.业务战略：当下的企业核心业务，未来的业务战略规划；

2.本源基因：过去因何而成功，现在与未来怎么才能继续成功；

3.竞争优势：现有优势即"我有什么"，进而思考"如何提升优势"，最终实现企业的使命愿景。

那么企业应当提供哪些价值？需要从以下3个方面思考：

1.相关受益：企业为哪些关键利益相关体提供什么价值，满足什么需求；

2.共鸣认同：关键利益相关体会对什么产生共鸣与认同；

3.喜闻乐见：关键利益相关体喜欢什么样的风格方式。

核心价值定位最终说明"我为什么而存在"，是基于业务定位、目标客户定位、理性诉求定位和感性形象定位后更高阶的定位，对于专精特新企业来说并非生存刚需，它适用于经营很好，有更远大的未来规划的企业。

小结

专精特新企业如何用品牌引领业务发展？只有做好品牌定位，才会有清晰的产品生产、销售、传播方向。在"品牌定位资产屋"的所有要素中，感性形象定位对于服装、化妆品、文化用品品类而言比较重要，而核心价值定位对于大型集团打造声望而言更加重要。专精特新企业更大的问题是不知道如何介绍自己是做什么的、不知道谁是自己的目标客户，以及不知道客户的购买理由是什么，因此企业需要重点关注业务定位、目标客户定位和理性诉求定位。

> 作者简介：
>
> 余莉，迈迪品牌战略咨询公司副总经理，工信部国家品牌培育小组首批专家组成员，工信部双品工程品牌"十四五"规划课题组组长，江苏省品牌学会创会副秘书长，重庆市品牌学会副秘书长，上海市品牌示范项目评审专家，上海市品牌专项资金评审专家。拥有23年工作经验，包括7年全球领先的电气制造集团品牌管理中心管理经验，6年外资广告公司运营经验，10年迈迪品牌战略咨询公司品牌战略咨询经验。

第三章 经营战略与品牌定位

本章小结

本章从经营战略和品牌定位的角度探讨专精特新企业品牌营销实战方法，《企业战略制定与战略执行》着重探讨了企业战略规划与落地的实战方法；《专精特新企业的品牌创建逻辑》对比了专精特新企业品牌与消费品企业品牌创建的逻辑差异，并详细阐述了专精特新企业品牌营销的方法和案例；《如何用品牌引领业务发展》通过咨询案例，呈现了用品牌引领业务发展的方法论。

百花齐放春满园，各篇文章从不同角度出发，结合作者多年的实战工作经验，对专精特新企业品牌营销方法论进行了深入浅出的阐述和分享。读者如能结合自身的专精特新企业经营实践经验相互参照，对实际工作将大有裨益。

下一章，我们将从营销协同和实战策略的维度，进一步阐述专精特新企业品牌营销方法论。

第四章
营销协同与市场运营

营销是什么？营销就是价值沟通。什么是好的营销？好的营销是指能够以更低的投入、更高的效率、更好的客户体验，实现有效的沟通，获得更高的可持续产出。

数字经济时代，新的媒介工具和平台蓬勃发展，使得专精特新企业价值沟通的方式更加多样。相比较而言，传统营销工作中常用的人员直销、展会等手段就显得比较单薄了。专精特新企业起码应该把这些手段和更多的营销方法结合起来，实现营销工作的"降本增效"。

本章中，各位作者将从各自专业和实战角度出发，阐述营销协同的实操方法和工具，让我们感受到专精特新企业品牌营销系统作战的魅力！

5S数字化营销模型

在商业环境竞争激烈的今天，企业多多少少面临着增长瓶颈的问题，这些问题甚至危及企业的生存。靠获取流量获得粗放式增长的时代已经一去不复返，流量增长已经不再是企业营销的核心目标。

对于专精特新企业来说，无论是流量获取还是客户运营，都面临着更大的挑战。专精特新企业规模较小、业务较专、客户小众、产品新颖等特征，都决定了它们应该制定的数字营销战略与大型头部企业是不同的。如果专精特新企业效仿大型企业进行大规模的广告投放或者品牌营销活动以达到获客的目的，那么它们将注定在流量大战中失利。

专精特新企业应该做的是采用更加巧妙的方式触达特定的目标客户，将市场营销费用花在刀刃上。清晰地定义目标客户，然后用低成本的方式触达和转化，避免被卷入大型企业的流量争夺战中；同时又不能忽视品牌的建设。秉持长期主义的思维巧用数字营销突破企业困局，是专精特新企业在新营销时代的战略重点。

品牌营销作为经济增长引擎，为什么能够缓解企业增长放缓的问题，驱动新一轮的增长？本质上是因为它可以满足广大"长尾"客户个性化的需求。克里斯·安德森（Chris Anderson）在他的长尾理论中提到，要使长尾理论更有效，就应该尽量增大"尾巴"，也就是企业要降低门槛，吸引小额消费者。不同于传统商业的拿大单、传统互联网企业的会员费，新时代的品牌营销应该把注意力放在把蛋糕做大上，通过鼓励客户尝试，将众多可以忽略不计的零散流量汇集成巨大的商业价值。而基于长尾理论的品牌营销定义在B2B（商对商）和B2C（商对客）商业模式中同样适用。专精特新企业由于商业模型具有独特性和不可替代性，市场专业化程度高、创新能力强，注重"长尾"流量的获取对于它们而言尤其重要。

那么，5S数字化营销模型中的"5S"到底是什么？由哪些元素组成？为什么说赋能5S数字化营销模型，就可以带来企业业务的长效增长？

"5S"本质上代表着品效协同。品效协同是指品牌营销和效果营销协同发展，效果类广告的投放不会影响品牌形象的建立，但是品牌营销能为企业的效果营销赋能。因此，品牌营销和效果营销这两类以不同营销目的为导向的营销方式相辅相成、互相支撑，在一次次的营销活动中协同发展，品牌广告能带来效果转化的同时，效果广告能进一步促进品牌力的建设和提升（见图4-1）。

图4-1 品效协同的5S数字化营销模型

规模性（scale）

新营销模式的本质在于其具有可复制性，营销必须具备规模效应。具体体现在以下两个方面：第一，营销模式在企业内部必须可复制到具有相同业务模式类型的不同业务单元；第二，能大量、高频触达更精准的客户群体，改变企业依赖销售和渠道拓展客户的局面。要快速获得成果并赢得市场的反馈，企业通常做的营销举措就是在某个事业部或某个地区进行试点，然后将获得阶段性成功的营销模式和平台复制到具有相同业务模式的国家或地区。这样一来，业务有基础，风险较小，不同的业务单元或地区之间也可以互相借鉴成功案例。所以营销模式的可复制性是一个非常重要的衡量因素。

销售增长（sales）

管理层最关注的就是销售。投入1元钱，能不能有2元钱的销售利润？只有持续不断的销售增长，才能让动辄上千万的营销费用投入变得可持续。

如果营销转型的举措不能在业务层面赋能销售，营销就很难获得内部销售部门的支持。尤其很多专精特新企业的内部业务是由销售渠道推动的，不是一个部门的单打独斗。只有市场职能和销售职能紧密配合、合理分工，才能产生1+1>2的效果。在传统观念里面，市场部是花钱的部门，销售部是赚钱的部门，而数字营销转变了旧的观念，让市场部也同样成了利润中心。并且，营销前后链路有效性的量化不仅是对市场部的突破，也是对传统企业销售部观念认知的突破。

效率（saving）

效率的本质是省钱、省时、省力。

第一点是省钱。上述"规模性"和"销售增长"是对扩大客户触达以及企业数字营销应用的覆盖面、增长销售引擎方面的阐述，而"省钱"是通过数字营销，降低企业营运成本。销售方面的人力除了数量有限这个问题，还有成本越来越高的问题，所以，提升与客户沟通的效率，可以帮助企业节省沟通成本和用人成本。比如现在很多客服被机器人代替，在某种程度上缓解了人力成本急剧上升给企业带来的压力；同时，企业还可以通过数字化精准触达想要触达的客户，避免营销费用的浪费。

第二点是省时。通过数字化营销，企业可以实现信息的即时推送、客户的即时点击，企业在收集客户信息和获得企业反馈方面都不会受到时间限制。在今天媒体和卖场合二为一的情况下，从客户第一次触达广告到产生购买需求并转化为购买行动的营销链路已经大幅缩短，客户面临的娱乐社交场景和购买场景，在今天的数字化技术背景下完全可以合二为一。企业有必要尝试这种超短链路的营销，结合场景营销的设计和使用，以最短的时间转化客户，因为这样可以省去大量的沟通时间。即时购买、即时决策，在B2C业务模式下比较常见，消费者可以非理性购买，尤其是在已经产生品牌认知的情况下，购买决策更加瞬时。而在B2B业务模式下，通过娱乐社交场景吸引客户关注并了解产品，甚至线上体验商品、选品、查询价格和购买商品，也是完全可以实现的。在进行数字营销设计的时候，B2B业务模式更加复杂，因为需要根据客户的偏好，提供不同的内容和购买选择。无论是哪种商业模式，在进行数字营销策略设计时，如何节省客户时间、节省沟通时间，都是企业需要考虑的重要因素。

第三点是省力。在销售场景中，企业经常会遇到的一个问题是市场部提供的线索是无效的，销售人员要花很大的力气跟消费者沟通，最终搞清楚对方的诉求。在数字化营销时代，部分沟通可以由数字方式代替，比如人工智能（AI）聊天机器人可以不受时空限制，解答客户的疑问，并且还可以自我学习，不断更新和扩充知识库。这样，企业就可以优化销售团队的人员配置，将人力资源分配给更需要服务的大客户或未来有增长潜力的客户。省力不是指节省人员，而是实现人力资源的优化配置。

服务能力（service）

专精特新企业的基因是销售和服务，其价值创造点在于为社会提供有价值的服务。服务能力几乎直接决定了客户是否选择你。企业要考虑的是在未来如何通过数字化的工具、系统和解决方案，高效地解决企业服务不到位及各种客诉问题。所以，营销绝对不是只看线上或者单渠道的，企业需要注重的是通过整合营销手段整合线下市场活动的能力，线上可以往线下引流，同时线下也可以反哺线上，线上线下同时服务，形成统一势能，促进业务的共同增长。

可持续性（sustainability）

现在很多企业都在讲可持续发展，可持续发展已成为企业发展的准绳。互联网红利时代已经过去了，企业要更多地关注自身的战略能力、服务能力和抗风险能力，其业务增量的爆发也需要长时间的技术和经验积累。企业在制定营销策略的时候，容易因为追求短期效果而忽略可持续发展的长期建设，网络直播带货就是一个很好的例子。"网红"效应确实可以带动一时的销量增长，但是否对品牌影响力的长效提升和可持续的销量增长有所帮助，就是个问题了。同时，营销运营也是一项长期的工作，它不光可以在短期内激发客户购买的意愿，还可以加深客户和企业之间的联系，所以，营销必须运营化。另外还有一个在营销工作方面注重可持续发展的例子，就是现在很多企业都设有"社会责任营销"这个部门，其担负着培育未来潜在客户的职责。通常，社会责任营销部门的沟通对象是未来有可能成为企业目标客户的群体，企业通过学校赞助、校企合作等方式，影响潜在客户的心智，其本质是在早期就与客户建立深度信任和联系。这种信任和联系通常在企业追求关键绩效指标（KPI）的时候被忽略，但却是保证企业基业长青的重要因素。可持续发展追求对人的价值的重视，它也是企业在数字营销层面达到品效协同营销目的的重要考量因素。

数字化时代，数字营销已成为专精特新企业在新营销时代的战略重点。5S数字化营销模型可以帮助专精特新企业突破企业困局，实现营销协同，促进业绩增长。

注：本书部分内容摘自朱晶裕《增长法则：巧用数字营销，突破企业困局》一书。

作者简介：

朱晶裕，历任世界500强跨国公司MNC数字营销负责人，现任霍尼韦尔数字营销负责人。数字化营销转型战略专家，"Jade大话数字营销"公众号主理人，著有《增长法则：巧用数字营销，突破企业困局》《全域增长：企业数智化营销与实践》。任香港大学中国商业学院客座讲师。

官网搭建与运营技巧

本文主要对专精特新企业官网的价值、核心能力及运营中的营销转化策略进行逐步拆解分析，帮助专精特新企业完成线上"总部"（官网）的品牌升级，同时提升获客转化能力，打造品效合一的数字化官网。

专精特新企业官网的两大核心价值

1. **品牌价值**

官网是专精特新企业塑造品牌形象的重要阵地。专精特新企业多数以技术见长，普遍规模不大，服务垂直行业的客户而不是终端客户群体，所以往往存在品牌意识不强，尤其在线上品牌塑造上投入过少的情况。当然，目前已经有一些企业开始意识到企业官网的重要性，走在了行业前列。在专精特新企业的采购过程中，70%的决策者会将品牌信任度作为购买决策的主要考虑因素。作为专精特新企业的线上"总部"，官网是企业品牌和客户的重要触点，对于大多数客户而言，对企业品牌的认知多数是从官网开始的，所以官网的专业度、结构、交互能力及是否合规等，都会影响到企业品牌的形象。

2. **营销价值**

官网也是获客转化的重要渠道，无论是搜索营销、内容营销还是线下市场活动，客户都会有搜索的习惯，并通过搜索到达官网。所以无论是获客还是转化，官网都有其天生的重要性。B2C网站的受众群体是个人，个人决策非常快，影响到个人情感即可快速产生购买闭环；与B2C决策流程

专精特新企业品牌营销之道

不同，专精特新企业网站面对的是整个企业组织，而且会同时面对不同部门，比如采购部、信息技术（IT）部、行政部都可能参与采购过程，所以官网是不同决策者都会去了解的地方，企业要为他们提供合适的内容，解答其在决策过程中的疑问，最终完成转化（见图4-2）。

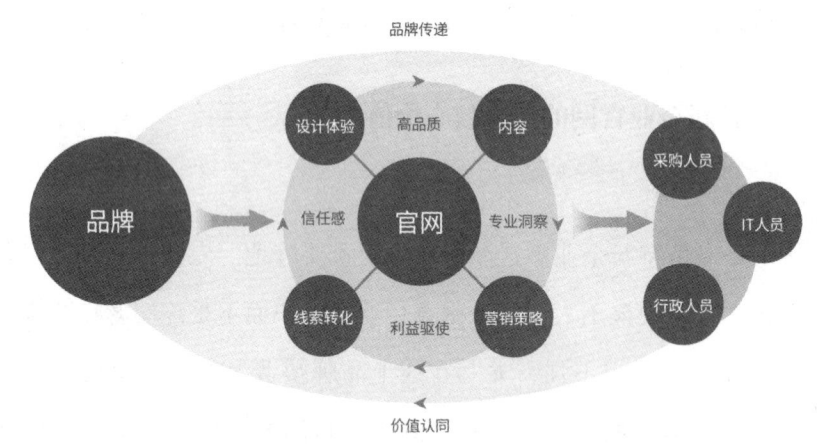

图4-2 专精特新企业官网的品效协同影响力

专精特新企业官网需要具备的五大能力

专精特新企业官网需要具备品牌力、基础能力、获客能力、转化能力和数据沉淀力，这也是我们对数字化网站的定义（见图4-3）。

1. 品牌力

创建一个网站，需要考虑它的品牌价值，企业官网能否体现企业的品牌价值在于两点：一是设计，需要体现优秀的交互能力；二是网站的结构，对于专精特新企业而言，网站结构非常重要。有些企业为了把网站做得简单，在单个页面上呈现了全部内容，或是只有四五个栏目结构，这样

第四章 营销协同与市场运营

```
                    数字化网站五大能力
    ┌──────┬──────┬──────┬──────┬──────┐
   品牌力  基础能力  获客能力  转化能力  数据沉淀力
    │      │       │        │        │
   设计   安全性   搜索引擎优化  内容及文案  分析工具
                   （SEO）
   网站结构 可访问性  搜索引擎营销  工具转化   用户资产
                   （SEM）
          适配性    信息流    行动号召(CTA)
                             按钮布局
          兼容性    外链     北极星指标
```

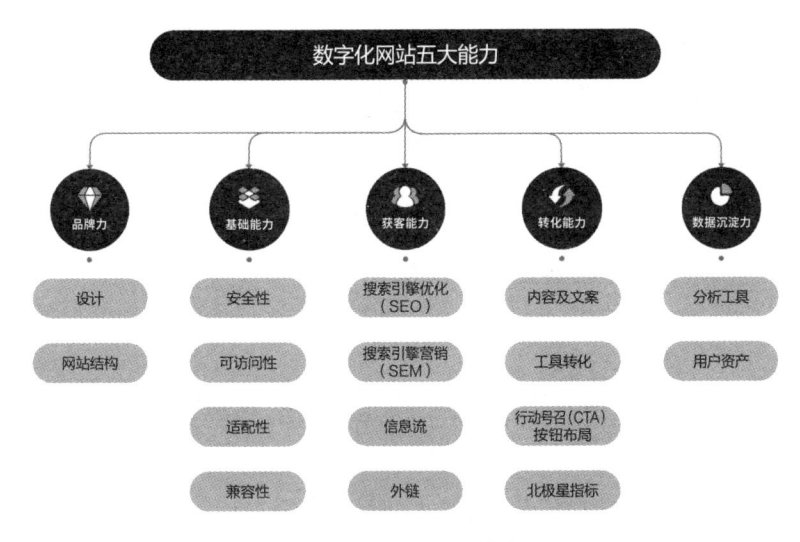

图4-3 数字化网站的定义

的结构都是非常单薄的。真正优秀的数字化网站一定要考虑网站用户的浏览过程。比如浏览产品时，客户在潜意识里会思考产品如何应用，因此可以在产品模块加入链接，展示产品对应的解决方案等；客户在浏览案例的时候，网页也可以链接到该案例可应用的产品，这都是对用户旅程的梳理。把网站的内部链接做好，才是一个优秀的网站结构。

2. 基础能力

首先是安全性。安全是第一位的，这一点毋庸置疑。

其次是可访问性。有些时候客户使用的主机性能不强，有些客户在一些国家或地区无法访问某些网址。一定要考虑网站的可访问性。

然后是适配性，即网站对各种终端屏幕的适配。终端分为移动端和PC端，移动端还可以细分为手机端与iPad端，因此企业需要重视适配。如果在手机上浏览PC网站，就会字号显示过小，用户体验非常糟糕。

· 089 ·

最后是兼容性。浏览器有很多种，我们无法决定用户使用哪一种浏览器，因此需要做到一些基础浏览器的兼容性，比如Chrome（谷歌开发的网页浏览器）、火狐（FireFox，由Mozilla与开源团体共同开发的网页浏览器）、Safari（由苹果公司开发的网页浏览器）、IE（微软公司开发的网页浏览器），以及360、搜狗这些国内常用浏览器。

3. 获客能力

获客能力对官网来说非常重要，但往往容易被忽略。专精特新企业官网大部分的价值在于其自身的获客能力。只要上线到互联网上，搜索引擎一定会抓取到网站信息，只不过赋予的排名及抓取内容数量是有差异的，做好搜索引擎优化，网站就可以自己获取流量。当然，官网也承载搜索引擎营销广告的投放，通过设置专门的着陆页，完成流量的顺利转化。未来，我们更看重内容营销能力，现在有很多新媒体如知乎、小红书、抖音等平台都可以通过链接跳转到企业官网，这就是官网的承载能力。官网内部也可以构建自己的内容中心，通过设计留资（留下个人资料）下载的方式，获取潜在客户信息。

4. 转化能力

当流量来到官网时，把用户转化成最后的客户，是企业官网的最终目的。

这要求网站首先要具备好的内容和文案，比如用户点进网站后，能否看懂企业价值主张。雍熙官网的价值主张是"数字化网站升级专家"。作为一家做网站的企业，我们打造的是数字化网站升级，这句话能描述得很清楚，用户也能看懂。

第四章 营销协同与市场运营

其次，官网可以部署一些小工具来提高转化能力，比如致趣百川的投入产出比（ROI）计算工具。用户计算好ROI后，如果想得到一个比较详细的报表，就需要留下资料，这就是一个非常好的转化方式。当然，企业可以结合实际用户需求设计对应的工具，提升网站的转化率。

第三是CTA（call to action，行动号召）按钮布局，也就是行动号召相关的按钮布局、行动号召文案尽量统一。

第四是北极星指标。很多网站在向企业汇报时，由于数据过于分散、渠道过多（表单、电话、在线客服等），数据很难统计和优化。所谓数字化网站，很重要的一部分是可计算能力。网站应该尽量在把用户引导到某个留言界面的时候，只保留在线留言表单，不要再设置第二或者第三种选择，如在线咨询或电话。

5. 数据沉淀力

网站上线后必须安装对应的分析工具，最基础的是网站统计工具，比如百度统计。在国内做市场营销，必须安装百度统计，它是唯一能准确统计"百度搜索关键词"数据的工具，因为百度对关键词进行了加密，第三方工具比如CNZZ（一家中文网站统计分析平台）无法准确统计到关键词。如果有条件，还可以补充用户行为分析工具，比如Google Analytics（谷歌为网站提供的数据统计服务），以提供更多维度的数据，方便未来网站升级、改版、迭代的时候有足够的数据支撑。

除此之外，还要考虑用户资产积累。可以对接营销云产品，根据访客访问网站的情况给访客打上标签，通过内容的引导转化，引导访客直接留资或者引导他们关注企业公众号后下载资料。这些都可以让用户资产更加庞大，即使用户是匿名的，企业也可以利用营销自动化（MA）工具，把用户逐渐从普通潜在客户转化成熟客，最后再完成客户的转化。这个客户培育的过程能最大化地发挥网站的价值，它也是未来数字化网站的方向。

专精特新企业官网运营中的公域拓客及私域转化

1. 官网公域拓客能力以及移动环境中的新场景

做好搜索引擎优化基础。搜索引擎就好比人流不断的街道，网站就好比街道边的店铺。店铺如何争取一个好位置？如果能够占领优势地位，就会有大量的流量流向企业的网站。现实中，位置好的店铺需要通过更高的租金来获取，搜索引擎的竞价排名也是同样的道理。企业可以通过更高的竞价投入获取流量。搜索引擎能奖励流量，这和现实中的店铺不太一样。如果我们可以给出更好的内容反馈，又有科学的网站代码结构和优质的内容，我们就会获得搜索引擎给的流量奖励。这需要做到以下几点：

一是做好站内SEO规范。包括代码规范、网站结构和一些SEO必需的文件，都需要提前做好规划，符合SEO的技术标准。

二是做好站外SEO。最重要的是做好链接的导入，通过外部优秀链接跳转到站内。如果可以通过锚文本链接到网站，就可以实现定向关键词提权，例如从"网站建设"这个关键词跳转到雍熙官网。不可否认，外部链接对网站优化的影响在变弱，但是仍然有着非常重要的作用，我们可以通过友情链接交换、人脉或者集团资源获取外部链接。外部链接要尽量找同行业的网站，这样可以更好地获取行业权重。

三是做好网站内容关键词的研究及布局。关键词布局指的是为网站寻

第四章 营销协同与市场运营

找有吸引力的目标关键词，这些关键词需要满足以下3个条件：（1）和网站高相关性；（2）有较高的行业流量；（3）低竞争度。

我们可以通过相关搜索结果或百度竞价后台的"关键词规划师"获取有价值的关键词，具体操作如图4-4、4-5所示。

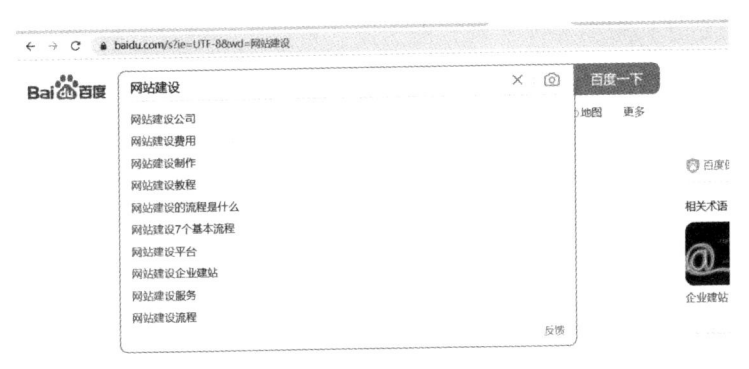

图4-4 百度相关搜索

图4-5 百度关键词规划

四是站内链接建设。要做好网站各个页面之间的串联，把同样的关键词链接到网站同一个页面，实现站内权重的分配。通过页面链接布局，带动其他页面收录，再通过收录较好的页面带动其他页面，例如可以通过这个页面给出其他页面链接，提高其他页面的收录和更新。

五是充分利用新媒体实现官网引流。重视新媒体对官网引流的价值，比如知乎、小红书、微信公众号、百家号等这些平台，它们作为超级应用程序（App），自身有大量的用户；尤其通过知乎，企业还可以获取搜索引擎非常优质的排名和收录。通过内容布局，可以实现从这些媒体平台跳转到官网，这就好比在一个商场里投放了很多贴片广告。这类流量非常精准，而且具有长尾效应，所以一定要有意识地布局新媒体平台。不同平台有不同习惯的用户，所以要尽量把产生的内容分发到所有平台，只要达到一定量级，就会产生非常大的作用，而且流量都是免费的。常见的新媒体引流渠道如图4-6所示。

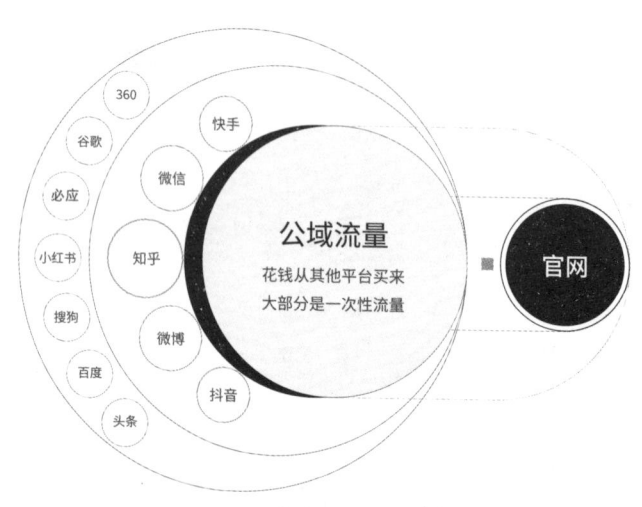

图4-6 常见新媒体引流渠道

第四章 营销协同与市场运营

六是加强移动端体验的优化。B端用户在获取专业信息的时候多是通过PC端访问,但是不可否认,移动端现在是占用大家碎片时间最多的场景,而且移动网站非常适合在社交软件中传播,所以企业应该更多地深耕移动端体验,为移动端获客服务。

2. 做好流量承接,让线索"软"着陆

一是为企业产品受众设计内容。我们要清楚网站的内容是为谁准备的,不管客户是男是女,也不管客户是什么样的身份,我们要确保客户能从产品获益。吸引客户的并不是产品本身,而是产品可以帮他们解决问题。我们可以试着拿自己的产品或服务做练习,不要把重点放在产品上,而是试着描述使用者是如何通过产品满足需求和解决问题的。尽可能地列举你能想到的问题,然后为这个问题找到解决方案。人们购买的并不是产品,而是满足其需求的解决方案。这些需求可能是解决某个之前解决不了的问题,也可能是节省时间、节约成本。正是这些需求,让人产生了购买某种产品的动力。对于用户来讲,其考虑的问题是"我能从中得到什么",我们必须从用户的角度介绍企业的价值主张。

二是确定转化目标,设定转化漏斗。没有目标,企业就无法设计转化路径。我们可以把网站的各级页面和这个目标比作一个同心圆及其圆心,所有页面都为了这个目标而设计,不管在同心圆的哪个环上,目标都是圆心。网站的核心目标就是留住访客。在实现这个目标的过程中会有大量访客流失,所以我们需要优化访问路径,促使访客成为最终的转化目标,比如通过留资表单获取访客信息。

三是吸引访客的注意力。对于访客来说,当他搜索某个词进入企业网站时，一开始并不会在意企业的产品细节，唯一关注的是找到他想要的解决方案——你的产品或服务能解决我的问题吗？所以企业网站给出的价值主张应该是能给客户带来什么好处，网站的目标就是把价值主张传递给客户。价值主张是连接需求和行动的重要桥梁。访客进入网站，首先映入眼帘的就应该是企业的价值主张，随着浏览深度提高，这个价值主张也越来越鲜明。

四是留住访客。我们吸引访客注意力是为了尽量让用户花更多的时间在网站上，接下来我们要维持他们的兴趣，这样才能更好地传达信息。

五是行动号召，让访客采取行动。无论是吸引访客注意力还是留住访客，最终目的都是让访客采取行动，不然前面的铺垫就都浪费了。我们经常提到的CTA按钮，就是行动号召的具体表现，CTA按钮布局举例如图4-7所示。

六是网站价值链，它是闭环体系的核心。企业官网在整个线索营销过程中的核心价值链如图4-8所示。

第四章 营销协同与市场运营

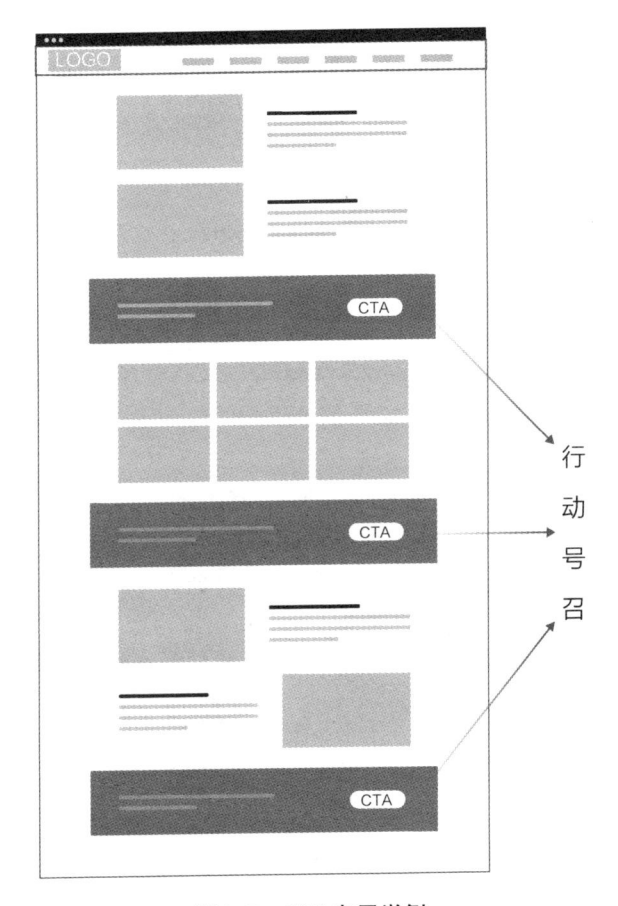

图4-7 CTA布局举例

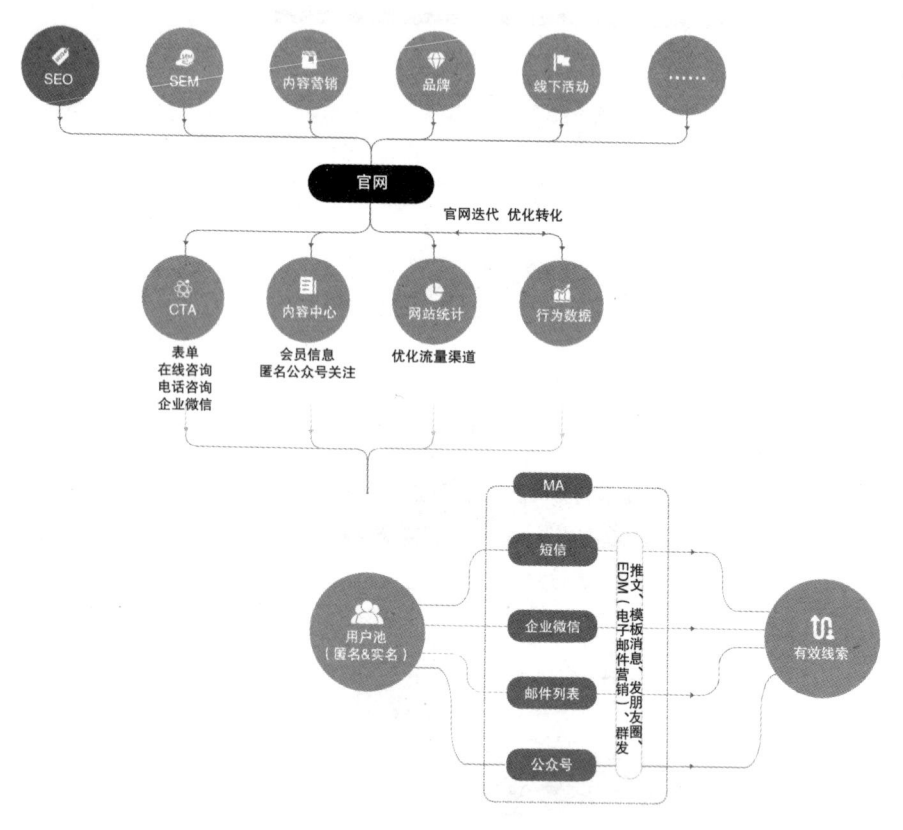

图4-8 企业官网的核心价值链

专精特新企业官网建设项目重点"避坑"

1. 图片和视频版权

近几年,国内对版权越来越重视。市面上有很多非正规的图片公司会在互联网上上传一些图片,市场营销时不注意拿来使用,就会侵犯图片版权,导致企业被起诉。如果资金有限,企业可以买一些比较便宜的图片,比如说从摄图网购买,可以避免一些版权问题。当然,还有知识共享免版权费用的素材网站。如果有条件，企业也可以选择从一些高端图库购买，比如视觉中国、海洛创意等，只是这些图库里的图片会贵一点。视频版权也是同理。

2. 字体版权

比如常用的微软雅黑字体，是当年微软委托方正开发的字体，由于近几年该字体的开发商合同到期，有很多企业收到了方正起诉字体侵权的律师函。注意不要把微软雅黑字体的文字合成到图片上，网页调用系统的微软雅黑字体则是不受影响的。这里推荐一种字体——思源字体，它是目前在全世界范围内开源的字体，也是比较接近微软雅黑的字体。当然，企业也可以付费购买字体。现在有不少便宜的字体库，在平面设计或者电商设计中用得比较多，网站应用还比较少。

3. 代码交付问题

很多企业开发网站时，没有考虑代码能否按时、完整交付，以至于后期内部无法顺利进行二次开发。所以企业在谈合作的时候，要确定代码能真正地交付。如果要做一个比较高端、有质量的网站，尽量不要选择软件运营服务（SaaS）版在线可拖拽方式制作的网站，它存在很多问题，不仅无法交付代码和二次开发，而且会生成大量无用、混乱的代码，对后续搜索引擎优化影响非常大。

4.《广告法》

违反《广告法》的赔偿金额较高，如无法认定价值，赔付从20万元起步。比如，"第一""领导品牌"等词语都不能使用。避免违犯《广告法》，可以借助网站后台自动识别功能，将一些《广告法》规定不能使用的限制词录入，如果市场部更新文案时出现这类词，后台就会提示。当然，企业也可以通过一些第三方数据配合使用《广告法》限制词，但是必须是客观的数据报告。

5. 文案不是越详细越好

在创建网站的过程中，市场部经常会拿到一些专业的产品文档，其中的内容确实很详细。但是网站是需要高度概括的，和产品说明完全不一样。因此网站制作中需要重新梳理思路，将文档内容进行提炼和规整，快速让客户看到关注的点，再引导客户索取详细的介绍和说明。

6. 国内外法规

国外对于隐私问题很重视，如果网站要面向国外进行全球化的拓展，一定要考虑隐私问题。要获得cookie（小型文本文件）的授权；根据欧洲的《通用数据保护条例》（GDPR），必须让用户能自行删除个人信息；等等。在国内，网站首先要备案，备案号链接到工信部备案系统网址；同时链接也要规范，如果链接有问题，网站就会被勒令整改甚至关闭。

7. 找到专业的供应商

目前互联网环境越来越复杂，对于大型企业而言，一定要找到专业的网站建设供应商，这可以帮助客户避开很多坑，在未来品牌、营销布局、合规性及安全等方面提前做好筹划。同时，专业的供应商可以提供持续服务来应对变化的网络环境。在选择供应商的时候，主要关注：（1）行业案例，包括案例的真实性、同体量公司服务经验等；（2）服务人员的行业经验，对项目执行过程的熟悉程度等，这决定了服务人员后续是否可以调动资源支持网站建设；（3）企业的口碑及成立时间。网站建设一般需要持续3~6个月，这个过程非常消耗精力，所以对前期供应商的选择要更加谨慎。

小结

不少专精特新企业对线下活动的投入非常高，甚至做了百万级的展厅，但是却没有投入同等精力去提升企业官网，这是很可惜的。一个好的官网可以使用3~5年，每年接待几十万甚至百万人次的专业访客，而一个线下展厅一年也带不来几千人。按照这个比例来看，这样高效且重要的战场，我们是否应该更多投入兵力？而且线下活动最终又会收口到官网。对于专精特新企业而言，除了做到业内专业技术领先，线上品牌的建设也不容忽视，这对客户、应聘者及投资人都是重要的信心传递。面对时刻在流失的销售线索和品牌信任力，企业应该抓紧行动起来，完成官网的升级。

作者简介：

马西伯，上海雍熙创始人兼CEO，曾就职于美国上市公司salary.com，有15年营销经验。

2008年创办上海雍熙，服务的客户包括世界500强企业、中国500强企业、集团上市公司、外资企业及行业头部企业，提供官网开发及数字化营销服务。典型用户有宁德时代、京东方、浪潮、西门子、通用电气（GE）、默克化工、博世、ABB、建发集团等。

2022年参与编写《To B增长实战：获客、营销、运营与管理》，是B2B数字化营销的实践者。

搜索引擎营销技巧

搜索引擎营销对于专精特新企业是否过时

因工作原因，我常年和专精特新企业的老板打交道。这几年碰到他们时，他们总有这样的焦虑：看到别人做小红书、抖音很火，自己到底要不要做？似乎不做就要跟不上时代了。

其实这种焦虑在每次新的营销渠道出现时都会冒出来。但小红书也好，抖音也罢，那是B2C市场的事，传统的B2B市场，搜索引擎营销仍然是主流的线上推广方式。这是因为专精特新企业市场采购的习惯和流程并没有发生太大的改变。我们假设一个场景：某天一家公司的老板给采购经理布置任务，让他在网上找几个合适的原材料供应商，谈谈长期合作事宜。采购经理坐在电脑前，你说他会选择用电脑还是用手机来寻找供应商？大概率他会用电脑工作。手机屏幕小、工作效率低不说，旁人看到他低头看手机，会认为他是在工作吗？这就是办公文化。在网上寻找供应商时，采购方一般不太可能用手机，除非是在出差或在家时急着找供应商，才会临时用一下。

第一个问题解决了——采购的习惯是在上班时间尽可能使用电脑完成寻找新供应商的任务。那么，采购一定要用搜索引擎吗？是的，目前来看是必须的。以国内为例，不管负责采购的这个人的喜好，寻找供应商必须用搜索引擎。常规来讲，有这几种独立的搜索引擎：百度、必应、360、搜狗，以及各平台（1688、淘宝、58同城、供应商网）内的搜索引擎等，这些都属于广义的搜索引擎营销的范围。

那有没有依靠小视频或者直播做得很成功的专精特新企业？答案是有的，但并不是主流，而且这些企业有其自身的特殊性。这些企业还有一个共性：在做小视频或直播前就已经全面线上推广，其中包括搜索引擎营销。而且这些企业在视频平台上取得的好成绩，多半仍然要归功于常年对搜索关键词的研究，客户无非由原来在百度上搜索转移到在视频平台上搜索了。作为一个新手，如果企业之前一直没有进行过线上推广，现在希望通过小视频营销来"弯道超车"是很难实现的。

对于大多数专精特新企业而言，搜索引擎营销仍然是目前最有效的线上推广方式。

搜索引擎营销远比你想象的更丰富

搜索引擎营销的英文全称是Search Engine Marketing，缩写为SEM。很多人以为做搜索引擎营销，就是做搜索引擎广告，只要给对方掏广告费就行。如果是抱着这样的观念去做搜索引擎营销，会得到一致的失败结果——钱"烧"了不少，就是没有效果。

其实，广义的SEM不但包括各种搜索引擎广告，还包括企业网站的SEO[1]以及第三方平台的信息优化。说得比较通俗些，就是凡是在搜索结果里排名靠前的平台，都是搜索引擎营销应当占领的阵地。

我们先来说说搜索引擎广告。

---

[1] SEO是英文Search Engine Optimization的缩写，直译为搜索引擎优化，更准确的意思应当是针对搜索引擎的网站优化。

1. 搜索广告

最常见的搜索引擎广告，就是搜索结果里排名靠前、标注有"广告"字样的信息，称为搜索广告（见图4-9）：

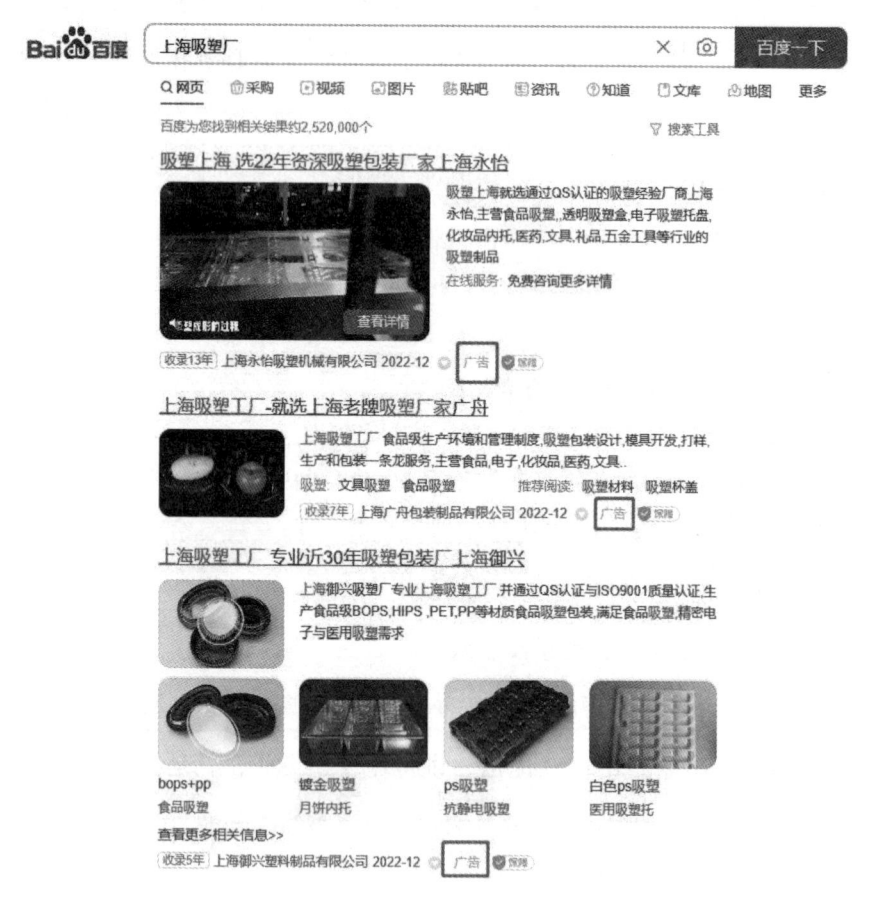

图4-9 搜索广告

大家可以注意到，搜索广告不但有文字展现，还有丰富的图片甚至视频展现形式，这一点是非广告信息很难实现的。这类广告也称为竞价广告

第四章 营销协同与市场运营

或点击付费广告,即出价越高,排名就越靠前。但真正执行起来却是谁给搜索引擎贡献的广告费越多,谁的排名就更靠前。这类广告由于是按点击次数收费,所以会涉及恶意点击的问题。

2.品牌广告

这类广告分两种,一种面向具有一定品牌知名度的企业,只在搜索与品牌相关的词时才出现,如在图4-10中,搜索世界500强企业品牌SAP(思爱普)时,搜索者就能看到SAP公司的品牌广告。另一种是搜索某行业的部分关键词,就可以展现某一家企业的广告。一般情况下,一家企业选择这个行业的几十个关键词,花几千元,可以连续做两周时间的广告,图4-11的左侧和右侧都是这样的广告位。品牌广告按天收费,不用担心恶意点击的问题,但价格也比较高;搜索引擎会按照流量来估价。

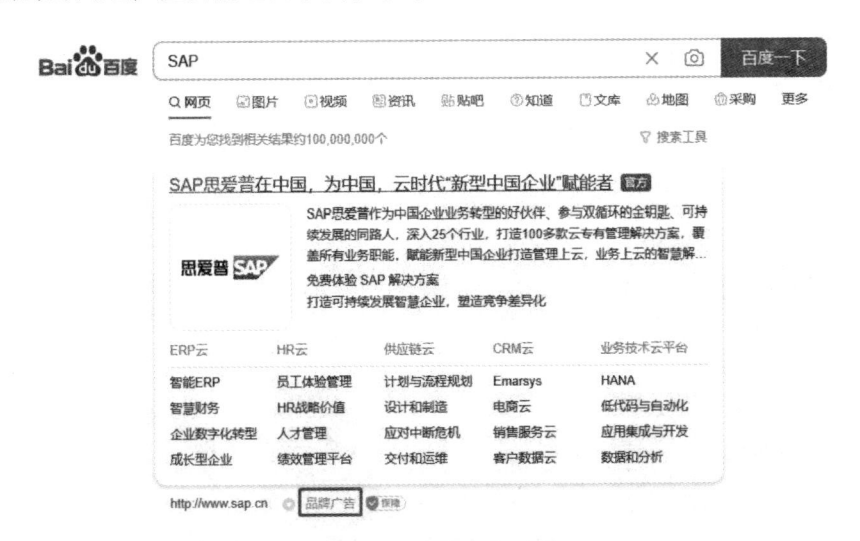

图4-10 品牌广告形式1

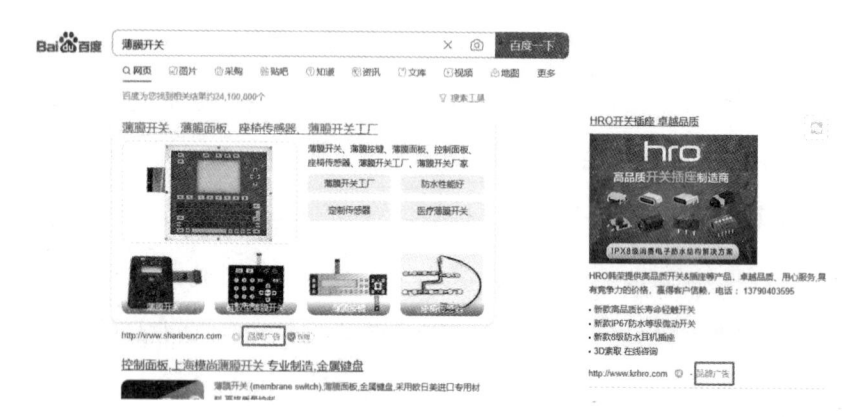

图4-11 品牌广告形式2

3.图片广告

一般各搜索引擎都有自己的图片栏目，图片栏目的前几张图一般都是广告位（见图4-12）。

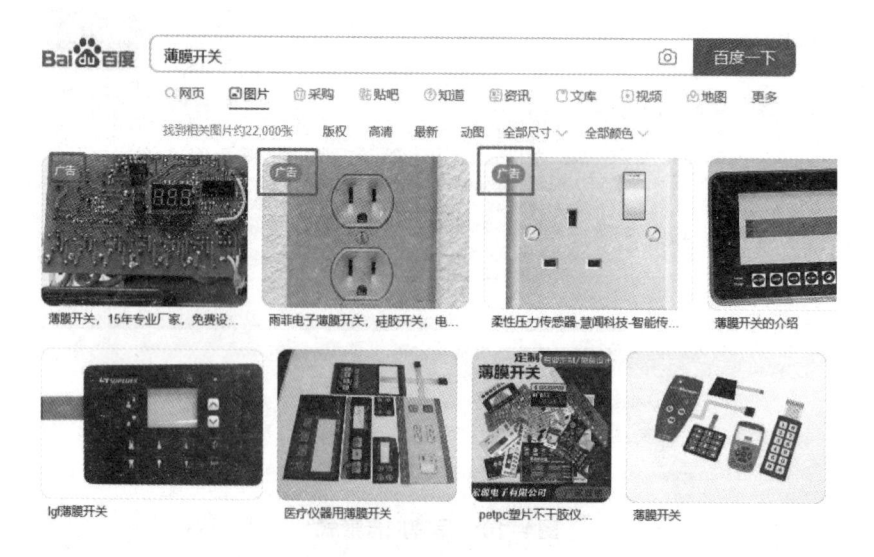

图4-12 图片广告

第四章 营销协同与市场运营

4.联盟广告

在搜索引擎的各栏目以及与搜索引擎建立联盟关系的平台上，都会有联盟广告。这种广告以关键词的方式呈现，见图4-13右侧的广告区。

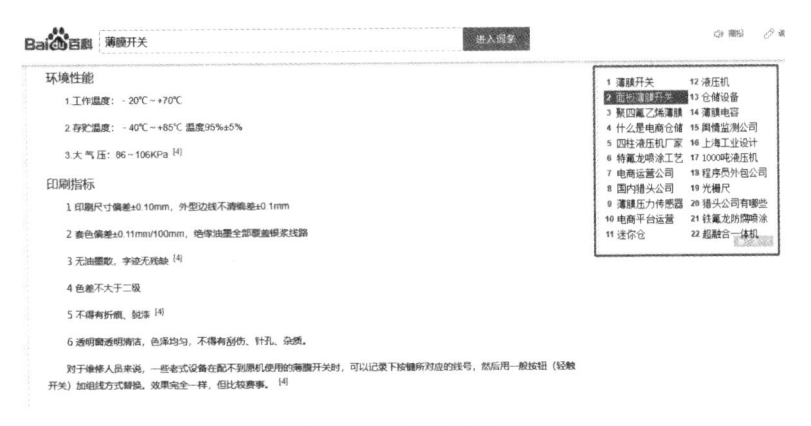

图4-13 联盟广告

以上是常见的4种搜索引擎广告形式。

接下来，我们来介绍网站的自然排名搜索引擎优化。从2021年起，不管是国外的谷歌还是国内的百度都对自然排名算法做了重大调整，结果就是企业的网站排名很难靠前。但不管怎么说，搜索引擎优化工作毕竟不用花广告费，主要依靠人工搜索，所以搜索引擎优化仍然是低成本、高回报的线上推广手段，如果配合丰富的网站内容，效果会更好。建议专精特新企业秉持长期主义，认真做好搜索引擎优化工作以得到相应的长期回报。搜索引擎优化的技术并不复杂，不管是由企业内部团队运作还是外包给第三方机构，每年的成本仅仅几万元。如果想要达到更好的效果，可以增加文案岗位，建设和优化更多的企业网站。

最后，我们来说说第三方平台的营销工作。不同行业可应用的平台有所不同，比如工业品主要是在阿里巴巴、百度爱采购上运营，而服务行业就有可能是在58同城和赶集网上运营。有个比较简单的选择自己行业平台的方法，就是反复使用行业内的各种关键词搜索，看看搜索结果前3页里的平台都有哪些。

大部分平台都将用户分为付费会员和免费会员，企业需要自己建立起有效的评估机制，评估各付费平台的效果，从而加大对有效平台的投入，减少对无效平台的投入。而对免费平台，我建议尽可能多地注册和发布信息，这有利于提升品牌曝光度，增加企业品牌信息总量。

我在这里没有提一些知识类平台，如百度百科、百度知道、百度文库等。因为这些平台审核比较严，一般情况下不允许植入广告和品牌信息，所以我不建议把这些平台作为营销的重点。

以上介绍的搜索引擎营销，主要包括各种搜索引擎广告、企业网站的自然排名和第三方平台的运营。

总是被人忽略的重要任务：专精特新企业的营销型网站建设

说到搜索引擎营销，如果企业没有自己的网站，是否可以做？当然可以，但效果会大打折扣。比如，企业可以只利用百度的"基木鱼"（一种简单的着陆页面或者是多页面店铺的形式）进行推广，或利用第三方平台上的店铺进行广告宣传（如用1688店铺做百度广告）。这种架在别人平台上进行推广的方式的最大问题是，只能使用平台的店铺模板，无法实现营销的目的；而且一旦企业不和这些平台合作，推广的内容也就跟着消失了；无论是基木鱼还是1688店铺，都无法做搜索引擎优化，也就无法获得

第四章 营销协同与市场运营

免费的流量。

所以我强烈建议,做搜索引擎营销,必须先建设独立的营销型网站。为何强调"独立"二字?因为目前国内建站的主流是云建站方式。云建站成本低,功能非常多,但不利于搜索引擎优化。要想长期获得大量的免费流量,建议企业还是找独立建站公司建设官网,并提出相应的搜索引擎优化功能,从技术层面来保障企业网站是独立的营销型网站。

然而,如果要从结构和内容上保障企业网站是营销型网站则任重道远,因为最大的阻碍正是企业本身。很多企业老板认为,建网站是建站公司的事。事实上,要在搜索推广过程中实现高转化率,网站的结构和内容很重要,因此建站真正的重点在于企业内部的内容和素材整理,而不是建站公司的设计和编程。两者的成本比例常常为3∶1,就是说,如果企业花2万元请建站公司建网站,则基本要花费6万元来组织内容。准备工作包括:收集拍摄的样品,把工厂装扮得适合拍照片,请专业的摄影师拍产品、工厂的照片和视频,请销售人员、技术人员甚至是客服撰写产品信息、企业介绍、解决方案、成功案例、新闻资讯、技术知识等文章。

从内容层面衡量一家企业是否合乎营销型网站的标准,因行业而异,但无论处于什么行业,网站能否实现企业客户通过该网站就初步验厂[1]的

---

[1] 验厂又叫工厂审核。很多客户希望供应商在质量、社会责任等方面的管理体系达到一定的要求,因此在下订单之前会自己或者委托第三方公证机构检查工厂状况,在确认工厂没有大的、严重的问题后,才将工厂纳入合格供应商名单,下订单并长期合作。

目标，是重要的标准。比如，各种行业认证、ISO9001管理体系认证、6S[1]体现、企业各种检验的证明、企业规模证明等。越是重要的客户，找供应商时越会注意网站上的这些细节。企业网站只有通过丰富的结构和内容，才能获得大量免费流量，当然，这还需要SEO技术的支撑。

总体而言，企业要想做好搜索引擎推广，就要先建设一个独立的营销型网站，并且必须从内容和技术两个方面保障网站的营销功能。

搜索引擎营销的广告预算和人员配比：不要头比身子大

大多数专精特新企业在搜索引擎营销上的投入产出比都会大于1∶10，也就是说如果投入10万元的营销费用（包括人工费用），能产出100万元的销售额。也许有企业主会讲：我们的净利润还没有销售额的10%，却要拿出10%做营销，有没有搞错？

首先，这里说的这部分销售额是增量，而不是一家企业的总销售额。比如，一家企业的年销售额有5000万元，计划今年从线上增加10%，也就是增加500万元的销售额，那么该企业在搜索引擎营销上的投入就应当是每年50万元左右。其中广告预算每年35万元，一名全职的网络营销人员的工资每年15万元左右。当然，实际的销售额增量有可能高于或者低于预期，这要看企业所在行业的竞争激烈程度。有些做搜索引擎营销比较好的企业，甚至可以达到1∶30左右的高投入产出比。这其实是一个强烈的扩

---

[1] 即整理（seiri）、整顿（seiton）、清扫（seiso）、清洁（seiketsu）、素养（shitsuke）、安全（security）这6项的合称。

大线上推广的信号。如果预算和人员跟得上，企业在短期内可以快速获得更多的新客户和订单。最令人心痛的是，有些企业做了线上推广后获得了巨大的成功，却认为线上市场本就应该是这样的，明年仍然会有好的投入产出比。实际情况是，搜索引擎营销市场变化很快，由于同行的加入，广告成本几乎是以每年1倍的速度增长，如果还是按去年的思路做今年的计划，可能只能完成一半的目标。这时，就需要把网站自然排名SEO工作作为重心，通过免费的流量来获客，对冲广告成本的增加。

一名全职网络营销人员运营每月几万元的广告费是没有任何问题的，而且这个营销人员的劳动价值就在于让这几万元的广告费得到有效使用，同时还能做大量免费流量导入工作（如SEO、自媒体运营、免费平台信息发布等）。但有些企业不是这样算账的，他们认为网络营销人员可以养，但多花广告费就不乐意了。这样的企业做线上推广工作，会出现非常不合理的现象，就是每个月只有3000元左右的广告费，但每个月的网络营销人员工资却在1万元以上。我们管这种现象叫"头比身子大"。如果这点广告费产生的订单足够满足企业的需求，那么就没有必要雇全职网络营销人员，花一半的成本将搜索引擎营销工作外包才更加合理。

因此，专精特新企业可以根据销售增长计划来合理安排搜索引擎营销的广告预算和人工成本，当预算低于雇全职网络营销人员的费用时，请外包服务机构也是个不错的选择。

如何收集关键词并辨别关键词真伪

搜索引擎营销又称关键词营销，可见关键词的重要性。那么，如何找到客户喜欢的关键词？

只要客户能与企业交流，交流的字里行间就会带着他们常用的关键词，所以收集和保存客户与企业的沟通信息，对于关键词营销工作就非常有价值了。简单来说，客户主要是通过文字（如在线聊天、留言板、邮件等）和语音（如视频会议、面对面沟通、电话、微信语音留言等）与企业沟通的，前者可以直接以文字形式保存，后者需要从语音转成文字保存，然后再由营销人员提炼出有价值的关键词。

另一种直接获取关键词的渠道，是记录和保存客户搜索过的关键词。以现有的技术，几乎每一位通过搜索引擎访问企业网站的访客，企业都可以清楚地知道他是搜索什么关键词进来的。当然，这个过程中还需要工作经验和方法的支持，那些恶意点击和无效点击的访客搜索的关键词，对企业来说不但没有价值，反而有害，因此需要专业的营销人员通过数据分析将其屏蔽。

还有一种获取关键词的方法是根据搜索引擎的大数据，获得搜索量高的关键词。比如在百度广告账户的后台有一个叫"关键词规划师"的工具，它可以列出任何一个关键词以及相关词的月搜索量。企业可以通过这些数据，判断哪些关键词更受客户喜爱。

如图4-14所示，用了两个与塑料加工工艺相关的关键词搜索后，"关键词规划师"分别列出这两个词相关关键词的月均搜索量。可以注意到，与"吸塑"相关的搜索词，每个月来自PC端和移动端的搜索量相当；而与"吹塑"相关的搜索词，我用线框出来的几个关键词就显得异常了。以"塑料产品厂家"一词为例，它一个月有950次搜索量，但来自PC端的只有14次，其他936次全部来自移动端。根据我多年的经验，这类词的搜索次数在PC端上是真实的，而在移动端上的大部分数据是伪造的。至于为何有人要伪造数据，有兴趣的读者可以看我写的《快速见效的企业网络营销方法：B2B 大宗B2C》。对这类伪造的流量，需要通过数据分析师的专业知识和经验推测出正确的搜索量。

关键词	月均搜索量	月均计算机搜索量	月均移动搜索量	关键词	月均搜索量	月均计算机搜索量	月均移动搜索量
吸塑	4688	2338	2350	吹塑机	3760	1212	2548
吸塑包装	1853	973	880	吹塑	2127	1126	1001
亚克力字	1738	1153	585	吹塑纸	1960	262	1698
吸塑盒	1546	859	687	塑料模具厂	1877	112	1765
大型厚片吸塑生产厂	1529	165	1364	塑料模具厂家	1528	98	1430
吸塑板	1120	361	759	注塑厂	1189	324	865
吸塑字	829	429	400	注塑车间降温	1049	536	513
吸塑托盘	784	451	333	塑料产品厂家	950	14	936
吸塑门板	748	290	458	双色注塑机	889	196	693

图4-14 两种塑料加工工艺"吸塑"和"吹塑"相关关键词的月均搜索量

最后我们再介绍一种关键词获取方法，就是搜索框的提示词。在任何一个搜索引擎里，只要输入几个字，下拉框就会出现相关词，这些词可以节省搜索者继续打字的时间，但同时也"绑架"了搜索者只能选择提示的关键词搜索。理论上，这些词都是搜索的热门词，但里面还是有水分的，比如我们之前搜索过的词可能并不热门，但因为搜索过，也会位列其中。另外，由于这类提示词只是根据搜索量而不是点击量来展现，所以伪造成本更低，有些企业就利用这一点，将自己的品牌也弄到了提示词里。如图4-15，"三人"是一个根本就不存在的品牌，但由于人为干预，搜索"实验室装修公司"时，提示词里会出现大量与"三人"相关的词。所以，企业可以利用搜索框提示词收集关键词，但需要结合其他工具，过滤那些伪造的词。

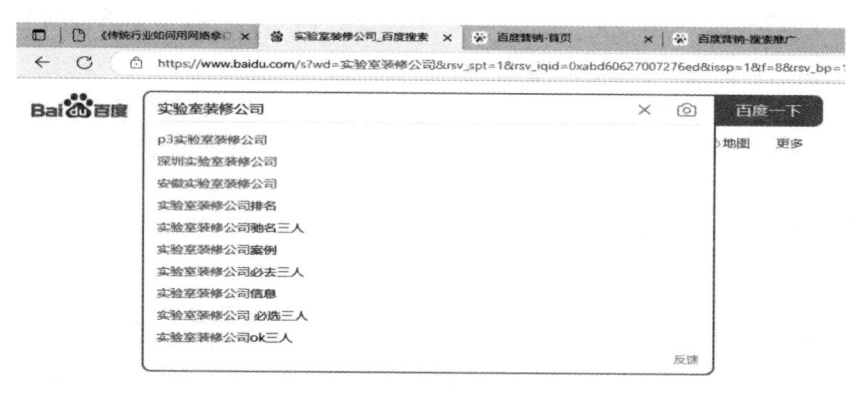

图4-15 百度搜索框的提示词

总而言之，记录、整理与客户的沟通信息，结合一些平台的大数据，企业就可以有效地收集到营销所需的关键词，但需要通过技术和经验过滤掉那些伪造的关键词。

如何将有效搜索词应用于免费营销平台

尽管我们主要以搜索引擎平台来演示关键词的应用，但实际上，关键词在其他平台上的应用同样有效，我们来看看如何充分利用这些关键词。

企业要做数据打通，而不是形成数据孤岛。一家全面展开网络营销工作的企业，通常会做国内的百度、360、搜狗等几大搜索引擎的推广，也会选择B2B平台如1688或百度爱采购进行推广，同时会在微信公众号、百家号等自媒体上运营；再有余力的话，还会在免费的第三方平台上推广，

第四章 营销协同与市场运营

如中国供应商网、58同城网等；外贸型企业还会做英文网站的谷歌推广以及阿里巴巴海外版推广。在任何一个平台上有效咨询的搜索词，对于其他平台而言也同样是有效的，而且也应当放大使用这些有效咨询的搜索词，将词从各个平台收集、整理出来，就是专精特新企业最有价值的营销大数据。这些数据只有企业本身拥有，再大的平台也无法获取，充分利用好这些关键词，就会把关键词营销的作用放大好几倍。

第一种是在搜索广告上的应用。假如我们今天在1688平台上获得了一个不错的咨询客户，通过数据分析，发现是通过关键词"螺杆空压机"带出的搜索词"变频螺杆空压机"获得的，这样，我们不但要将这个新词增加到1688广告账户的关键词列表里，同时还需要将这个新词增加到其他各搜索引擎广告账户的关键词列表里，甚至翻译成英文，添加到海外推广广告里。再有新客户搜索"变频螺杆空压机"一词时，不但能看见我们的广告，而且能看到我们的广告词比同行更精准，因为多了"变频"。这样，我们就会获得更多优质客户。

第二种是在企业官网上的应用。既然我们已经知道"变频螺杆空压机"一词能带来客户，我们就可以在官网上布局，多产生与之相关的文章（多个变频产品的页面，多篇新闻报道和成功案例介绍页面，以及技术知识页面），并做相应的搜索引擎优化。当有客户搜索"变频螺杆空压机"相关词——如"上海变频螺杆空压机生产厂家"——时，企业官网的页面排名就会在各搜索引擎前列，从而获得免费的流量和询盘。

第三种是在免费B2B平台上的应用。如果用这么长的词"上海变频螺杆空压机生产厂家"来搜索，可能在搜索引擎上看不到广告。这是事实，不是搜索引擎公司发善心不想挣这个钱，而是由于算法的问题导致广告无法展现。所以说，企业官网信息也好，第三方免费发布的信息也好，都是对关键词广告营销的有力补充。将官网上布局好的长尾词信息重复发布到各个免费平台上，就会让品牌曝光度增加，甚至在用户搜索某些词时起到"霸屏"的效果。

第四种是在自媒体平台上的应用。各搜索引擎为了自身广告收益，把更多的免费流量资源给了自媒体平台。除了微信公众号、今日头条几个不在百度出现的平台，我们在百度上常见的自媒体还有百家号、搜狐号、知乎、哔哩哔哩（B站）等。这些平台审核比较严，并不适合发产品宣传信息，但企业可以发布知识类信息，同时在账号、图片甚至正文中留下品牌的印记，这对于提升品牌曝光度有很好的效果。这类知识类信息的标题经常是："变频的螺杆空压机有什么好处""螺杆空压机与活塞空压机的区别"等等。

客户有效咨询过的搜索词是非常有价值的，可以把它们应用到搜索引擎营销、搜索引擎优化、免费B2B平台和自媒体上，从而让效果成倍增加。

作者简介：

张进，《传统行业如何用网络拿订单》《快速见效的企业网络营销方法：B2B 大宗B2C》作者。上海添力网络科技有限公司创始人，曾先后担任过几家企业的厂长、副总。他的团队管理着近百家公司的企业网站。他是上海市创业者指导专家志愿团成员，也是多家企业的网络营销顾问。

第四章 营销协同与市场运营

新媒体营销方法与工具

专精特新企业是科技类企业金字塔的顶峰，以专业性、精细化管理、特色产品和创新在拼杀激烈的市场上一枝独秀。专精特新企业"专"字打头，大部分以技术为企业底层驱动力，但在当下快速变化的市场环境中，技术不仅要体现在产品和服务上，也要能转化为营销力，为企业发展、对抗市场风险做出贡献。

新媒体营销是尤为适合专精特新企业的新型营销方式，比起传统的场景营销（线下活动、展会、陌拜等），新媒体营销具有高效、快捷、可远程、可传播裂变的特点；相较于需要一定投入的大数据营销，新媒体营销又具备启动成本低、方式灵活、见效快的优势。

专精特新企业可遵循4C模型来开展新媒体营销（见图4-16）。

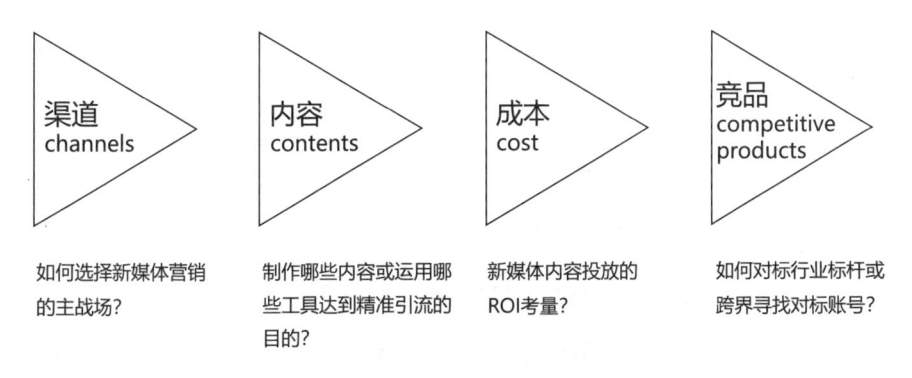

渠道 channels	内容 contents	成本 cost	竞品 competitive products
如何选择新媒体营销的主战场？	制作哪些内容或运用哪些工具达到精准引流的目的？	新媒体内容投放的ROI考量？	如何对标行业标杆或跨界寻找对标账号？

图4-16　新媒体营销4C模型

如何选择新媒体营销的主战场

营销领域的业内人士常说："不要在没有人的地方做生意。"专精特新企业属于典型的"小而美""小而精"企业，本身具备客户群体规模小、范围狭窄的特点，所以在选择新媒体营销的主战场时，企业要遵循以下3个原则：

1.选择流量巨大或流量正处于快速上升期的平台

近年来，新媒体平台逐渐进行了洗牌和整合，流量逐渐聚集于几个头部平台，例如抖音、快手、视频号、微博、小红书等，这些都是聚集了巨大流量的优质平台。而一些传统的互联网平台如论坛等，已经被移动端平台取代。抖音的日活跃用户已超过8亿（2022年），视频号的日活跃用户也已超过6亿（2023年），且用户规模还在持续增长。

专精特新企业在初步试水新媒体营销时，一定要选择流量上升期的平台，借助平台每日源源不断的新进流量，达到展业拉新的目的。从长期来看，抖音、视频号、小红书都将处于快速增长期。对于日渐式微的旧行业平台，要果断放弃，集中企业的力量在优质平台上发力。

2.根据产品的特性选择平台

不同平台的受众有不同的消费倾向，要选择受众消费水平和企业产品的价格水平匹配的平台。通常来说，下沉式、娱乐性质较重的平台粉丝更倾向购买物美价廉的产品，而较为严肃和专业的平台，粉丝则更有可能买一些高价格、高品质的产品。

3.根据平台的私域转化能力选择平台

专精特新企业进行新媒体营销的最终目的，是吸引网络上对产品感兴趣的精准行业用户，将其转化到销售人员的私域上，转化途径有加微信、留手机号、让用户填写咨询表单等。所以平台的私域转化路径是否简单通畅，在很大程度上影响了销售线索的获取。

目前各新媒体平台出于商业考虑，多少会对账号的私域转化进行管控，如限制在内容中直接出现企业联系方式，与粉丝的互动仅限于内容评论区或者私信等。除了微信生态上的平台（视频号、公众号、小程序）可以直接引导客户添加销售人员微信，其他平台如抖音、快手等，都需要设计把粉丝导流到营销人员私域的路径。如果一个平台的私域转化路径特别复杂冗长，那么这个平台就不适合作为大力投入的新媒体营销渠道，因为客户的触达成本太高了。

如何制作优质的新媒体营销内容

我接触过不少高科技企业的市场部负责人，他们在制作线上营销内容方面普遍存在一个误区——将新媒体营销内容等同于原先的线下营销物料电子化。这是非常偏颇的认知。

新媒体传播具有和传统线下传播、传统网络传播截然不同的特点，可以用"短""新""景""钩"4个字概括。

短：新媒体传播内容，无论是视频还是图文，都需要短小精悍，满足当下广大受众碎片化的信息获取习惯。例如短视频最好在30秒到1分钟之间，图文内容在手机上不要超过3屏等。

新：形式要新颖，"语不惊人死不休"。想要在短短的十几秒甚至几秒内抓住观众的注意力，必须在内容形式上让人耳目一新。视频的"开头黄金3秒"就是针对此：如果一个短视频在开头3秒内没有吊起好奇心，观众就会毫不犹豫地划走。

景：一定要场景化呈现。平铺直叙的白描不再适合新媒体传播，在视频或图文中，要用影像和文字搭建起一个场景。可以是产品的应用场景，可以是企业的运营场景，又或者是企业老板的生活场景等。只有场景化，才能让看客有"沉浸感"，才能将心智与产品、品牌相关联。

对于专精特新企业而言，"景"尤为重要。高度专业的产品离开了应用场景，将会变得非常难以呈现。枯燥的技术参数、特殊的产品外形、复杂的操作流程，都需要一个鲜活的应用场景来配合表达。

钩：互联网行话"钩子"，指新媒体内容中吸引并号召观众做出点赞、关注、收藏、评论、私信、转发等动作的设置。短视频、图文都是营销工具，我们的目的是利用这些工具把意向客户引流到销售团队，或是让更多的普通粉丝帮助我们传播内容，因此"钩子"的设置至关重要。

"钩子"的设置也是有技巧的，通常是在开头和结尾，也可以将号召糅合在内容中。有"钩子"的内容比单纯的展示更能提升私域转化率。

由以上介绍可以看出，新媒体营销内容绝对不是简单地将线下物料电子化。一本纸质的产品样本做成电子版，依然是一本样本，并不能承担传播和引流的功用。那么如何将专业、复杂的产品内容转换成具备"短""新""景""钩"特点的优质新媒体营销内容？这里我给大家提供两个方法：一是选好切入点；二是进行场景转换。

第四章 营销协同与市场运营

跳出"参数＋规格＋特点"的产品介绍老套路，从大众接受信息的角度，将产品介绍划分出不同的切入点，每一个切入点都以普通大众可以感知的场景进行呈现。我们以某工业检测企业为例，为其设计玩具材料检测系列短视频内容（见表4-1）。

表4-1 某工业检测企业的玩具材料检测系列短视频内容设计

短视频内容设计场景矩阵选题角度	专业内容	视频主题（场景）	引流"钩子"
硬科普	离5月20日标准生效还有不到10天，玩具厂商如何应对？	还剩10天！留给玩具厂家的时间不多了！	点击链接，报名×月×日网络研讨会，专家为你拆解如何从容应对新标准
趣知识	欧洲国家、美国对玩具中的铝要求有何不同？	冷知识！为什么在（美国/欧洲国家）看不到××玩具？	点击链接，下载世界各国玩具重金属迁移量一览表
生活场景	3类玩具材料有什么代表性产品？	这样给孩子选玩具，每天少接触×毫克铝元素！	预约×日×点的直播，了解玩具选择技巧，让孩子安全玩耍
工作日常	为什么不同玩具的铝迁移量不同？（实验室工程师现场试验讲解。）	××实验室现场评测第×期：3个布娃娃等于1口铝锅？	评论区留言，写下你想了解的产品标准，抢订下期视频主题

专精特新企业可以参照以上选题矩阵进行精细化拆分，配合不同指向的"钩子"，实现"一菜多吃"，引流效果最大化，内容出品工作量最小化，同时体现立体的、人性化的企业品牌调性。

如何考量新媒体营销工作的ROI

专精特新企业做新媒体营销的投入产出比，不能简单照搬快消类、电商类企业ROI的计算方法。专精特新企业业务具有周期长、成交慢、信任建立久的特点；并且由于产品专业性太强，通常不会在新媒体平台上即时

121

成交。故专精特新企业需要分层级、分岗位、分时段进行新媒体营销工作的ROI考量。

新媒体营销的成交转化是一个漏斗模型，在每一个转化层级上，都有不同的转化率，并且不同层级的人员设置和岗位特性也不同。所以，要设计多维度的ROI考核指标，切忌一刀切，只以最终成单结果考核新媒体工作人员的业绩。

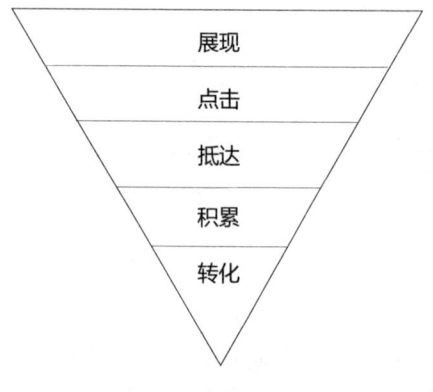

```
展现
点击
抵达
积累
转化
```

图4-17　新媒体营销层级

如图4-17所示，新媒体专员负责"展现—点击—抵达"3个层级，随后销售线索被移交给大客户销售，其负责"积累—转化"层级。所以对这两个岗位的考核指标需要有区分（见表4-2）。

表4-2　专精特新企业新媒体营销岗位考核指标表

岗位	考核指标	考核周期
新媒体专员	平台粉丝数、内容浏览量、点击量、私信或评论量、回复速度、私域引流量、私信开口成本等	每周
大客户销售	客户拜访、方案跟进、项目成功率、付款方式等	每月

第四章 营销协同与市场运营

除了不同岗位人员的考核指标不同，对新媒体营销整体工作的评估，也需要将考核时段拉长（配合工业品产品项目的长转化周期）。除了关注当下的引流效果，还需要关注中期效果和长期效果（见表4-3）。

表4-3 专精特新企业新媒体营销效果评价表

新媒体营销ROI	指标分类	评价周期
短期收益	粉丝数、私域转化数、粉丝精准度	月度
中期收益	项目成单率	季度
长期收益	项目裂变率	年度

如何寻找对标账号

新媒体营销对于专注于技术和研发的专精特新企业来说，在起步阶段存在着诸多困难：

● 没有专业团队进行内容制作；

● 不懂新媒体平台的调性和运营规则；

● 不会设计后端的客户线索转化通路……

解决以上问题最便捷的方法就是对标，即踩着前人蹚出来的路往前走，可以大大降低初入新媒体营销领域所面临的风险。

具体做法是将行业某个新媒体营销领域表现出色的品牌，与自身目前的表现逐一进行对照和分析，采用定性或者定量打分的方法，发现自身品牌的可提升之处，从而明确改进的方向。

在寻找对标账号时，要注意目标账号的企业体量必须和自身企业相仿。新媒体营销需要投入大量资源，如果对方企业的发展水平已经远远高于自身企业，那么双方能承担的资源投入必定不是一个数量级，这样的"巨人"毫无可借鉴之处，只会更加打击我方企业进行新媒体营销的信心。

企业新媒体营销实用工具

工欲善其事，必先利其器。想做好新媒体营销，必须要熟练使用各种新型的内容制作工具和运营管理工具。

随着新媒体的发展，工具越来越可视化和大众化，上手的门槛也越来越低。哪怕是一个从来没有接触过新媒体的员工，经过简单的培训或者自学，都可以顺利上手。

新媒体营销工具主要分以下几类：图文编辑软件、视频剪辑制作软件、直播软件。这里我给大家推荐10款成熟、高效且易于上手的软件工具（见表4-4）。

表4-4 专精特新企业新媒体工作常用工具

对象	功用	软件/网站
公众号编辑	编辑器	秀米
	素材库	千库网
	在线设计器	创客贴
视频制作	手机端剪辑软件	剪映
	PC端剪辑软件	万兴喵影
	短视频素材网站	爱给网
	媒体转换工具	格式工厂
	录屏软件	EV录屏
直播运营	直播推流软件	OBS
	直播辅助软件	YY开播

第四章 营销协同与市场运营

以上工具可以满足企业新媒体营销工作中90%的需求。如果企业人手实在捉襟见肘，也不妨寻求专业的第三方内容制作团队的帮助。总之，新媒体营销是一个门槛低、上限高、投入轻、回报久的营销模式，无论是哪个行业、何种产品，都可以用新媒体营销的方式放大品牌影响力，大幅提升精准用户线索收集的效率，加速业务增长。

> 作者简介：
>
> 张曦，知时纪内容电商平台运营官，上海市浦东新区就业促进中心互联网内容创业导师，10年新媒体创业经验，对新媒体传播、短视频内容制作、电商直播有丰富的实操经验。世界500强美资企业市场部原产品负责人、行业领军德资企业亚太区市场部原负责人。

布局短视频领域的5个思路

近年来随着互联网技术的发展，短视频的用户规模不断上涨，短视频已经成为互联网内容传播的主要形式之一。中国互联网络信息中心（CNNIC）发布的第50次《中国互联网络发展状况统计报告》显示，截至2022年6月，我国网络视频（含短视频）用户规模达9.95亿，较2021年12月增长2017万，占网民整体的94.6%；其中短视频用户规模达9.62亿，较2021年12月增长2805万，占网民整体的91.5%。这也使得越来越多的企业开始思考，如何借助短视频在受众心中建立良好的品牌形象，同时让目标受众在做出购买决策时具有情感和价值的倾向性。

专精特新企业短视频内容现状——"三难"

我通过调研发现，专精特新企业的产品大多属于原材料、零部件、维修用品、耗材等种类，这类产品外观固定、功能单一，品牌营销人员很难策划出能引起受众共鸣的话题内容。结合专精特新企业对短视频内容的诉求，我总结出专精特新企业当下面临的"包装难""转化难""投入难"三个难题。

"包装难"一方面是指专精特新企业产品的属性距离短视频观众的实际生活很远，比如打开京东五金城的网站（见图4-18），螺丝、电钻、叉车等产品映入眼帘，这类产品本身处于观众视野之外，企业即使围绕"螺丝"做了短视频，也很难引起观众共鸣；另一方面是指这类产品无论是在从拍摄形式还是话题选择上，都很难拍出酷炫的、博人眼球的风格，即使

第四章 营销协同与市场运营

策划了内容，也很难快速引爆，扩大品牌的影响力。

图4-18 京东五金城官网

"转化难"一方面是指企业不知道如何把关注的粉丝转化成忠实粉丝，增强粉丝黏性；另一方面是指企业不知道如何把忠实粉丝进一步转化成购买者。对于中小企业而言，短视频内容虽然可以统计播放量、点赞量等数据，但很难直接评估给企业带来了多少商机和收入。很多企业因为短期内看不到转化的可能，就直接不做或者放弃。

"投入难"也体现在两个方面。一方面是人力投入难。短视频内容的发布和更新依托短视频平台，包括微信视频号、抖音、快手等，这些平台的维护需要投入一定的人力，而中小企业的发展阶段决定了其"拿单优先""业绩优先"的价值观，投入人力做短视频并不是短期内考虑的事情；另一方面是预算增加难。企业用于品牌推广的预算本身就是有限的，往往是将企业营业收入的固定比例用作品牌推广的预算。这部分钱已经花在了参加展会、举办渠道招募会等活动上，大多数企业很难再增加预算做短视频。

我归纳总结的这3个难题，首先是基于对专精特新企业的抖音账号、微信视频号的观察得出，其次是基于对标大中型企业短视频账号的内容分析得出。我针对这3个难题给出以下具体建议，希望给中小企业开始布局短视频内容时提供更多的视角。

专精特新企业布局短视频内容的5个步骤

1.平台选择

短视频的内容离大家其实并不遥远。如果观察中小企业CEO、销售总监的朋友圈，会发现有很多短视频形式的内容。有些是他们拜访客户的视频，有些是给客户交付产品的画面。这些原本一手的新鲜素材，却因为发在私密性较强的朋友圈，没有进一步成为企业打造品牌影响力的素材。

为此，我认为，专精特新企业的营销从业人员要想让思维从朋友圈"跳"出来，从影响微信好友到影响更多的潜在人群，有一条重要的路径，就是选择适合自己的短视频平台。换言之，通过短视频内容来实现产品的更多曝光，从而提升企业的营销力。

根据新榜发布的《2021新媒体内容生态数据报告》，我总结了不同平台的短视频侧重点，企业可以参考（见表4-5）。同时，我建议针对每个平台定制独特的标签和内容，不可开了账号最后被当作分发的渠道，这对账号的长远发展并无裨益。如果企业担心人力、预算有限，顾不过来这么多平台，就选择适合企业目标受众的一个或者两个平台，聚焦运营。

表4–5　不同平台的短视频侧重点

平台名称	平台侧重的内容	专精特新企业开通账号可选的方向
抖音	汽车、萌宠、娱乐	工业美学
快手	健康、文化、运动	大国智造、工业美学
小红书	时尚、旅行、摄影	工业时尚
B站	运动、娱乐、影视	大国工业、智能制造等
视频号	知识、内部民生、时事政务	工业科普

在我给出这些建议时，有的企业担心，这些方向和企业的关联性好像不是完全匹配，其实这是每家企业都需要注意的地方。在一个平台开通账号时要想清楚，自己可以提供哪些独特的内容，同时平台希望你提供什么样的内容。纵观所有平台，赏心悦目、别出心裁的内容都是稀缺的、生命周期较长的内容。

以工业美学为例，任何一个设计出工业品的公司，其实都可以分享自己的工业美学。美学既包括企业设计产品的价值观，也包括客户使用的美学价值——客户用了你的产品获得了哪些价值，这些都值得被挖掘出来，并通过短视频形式让更多人知道。再以塑料薄膜为例，抖音上有一类自媒体账号把塑料薄膜做成服饰去表演，这种短视频内容也实现了工业美学的延展。

总结一下：选择平台时，既要从平台角度去思考平台方希望账号提供何种内容，也要从自己企业的角度思考，什么内容既可以宣传自己的产品，也能给观众带去更好的视听享受。

2.内容策划

内容策划是企业开通账号之前就要考虑好的重要环节，包括这个账号打算在何种时机更新何种内容。时机既包括日常的时间，也包括节假日的时间。以2023年中国传统佳节春节为例，结合微信视频号账号的属性，专精特新企业可以策划的内容包括以下维度（见表4-6）：

表4-6　内容策划维度细分举例

视频号春节内容策划	策划目的	传播时间
互动类：你们都放假了，工厂放不放假呢？来，带你揭晓	一方面向客户展示企业的交付能力，另一方面也满足了大家对工厂内部环境的好奇心，并回应了大众对于过年话题的讨论的互动需求	除夕前一天
回顾类：2022年工业品里的中国红	通过年度盘点，既向大家展示了产品，也传递了中国红的美好寓意	除夕前一个星期
福利类：工业也走时尚范儿！微信红包封面领起来	企业制作特色的微信红包封面，通过短视频推广、发放，让很多人领取到封面。这样，关联了微信视频号的微信红包封面也就有机会被更多人看到	除夕
情怀类：贺岁片《工业梦！我行动！》	情怀类的贺岁片是娱乐性、商业性和艺术性的统一体，通过这样的内容引起用户共鸣，增加观众对企业品牌的感知	大年初一

从表4-6中可以看出，仅春节这个节日，就可以策划出丰富的短视频内容。全年的节假日远不止这一个，每个企业都可以选择适合自己企业宣传的节假日，找到结合点，实现品牌影响力的扩大和增值。

3.内容推广

在内容推广上，除了大家常见的抖音、视频号的付费"加热"之外，还有一种推广模式是跨界的内容合作（见表4-7）。

表4-7　跨界内容合作模式示意

合作模式	关于该模式的观点
和平台达人合作	由于达人在平台上拥有一定的粉丝基础，对于企业而言，可以一次性大批量触达目标受众（前提是达人粉丝和企业品牌调性吻合）。相较于单纯的广告行为，达人基于自己的创作能力，会和企业产品进行有效结合，使观众更易接受这个品牌

第四章 营销协同与市场运营

续表

合作模式	关于该模式的观点
和同类型知名企业合作	借助行业协会等机构，中小企业可以跟知名企业探讨更多的内容合作方式，比如中小企业CEO去参加知名企业的论坛等，发表演讲的视频也是很好的内容素材，这样的内容可以增加企业在业内的认可度
和不同类型知名企业合作	在抖音等平台，企业账号互相留言、互动是一种很常见的现象。而这种互动其实就是比较简单的合作形式。如果上升到内容本身，可以使用抖音的"合拍"功能，实现和知名企业"同框"
和媒体合作	这里的媒体是指进行行业观察的自媒体等。媒体需要有价值的报道，而企业又正好能够提供对社会、行业有价值的素材。这样的合作虽然可遇不可求，但中小企业如果能够保持对媒体的关注，就能够在合适的时机推广自己的品牌

4.直播互动

视频号、抖音、快手等短视频平台都支持直播。直播是一种更高效的内容形式，无论是工业原材料还是终端工业品，企业都可以把商品以虚拟链接的形式放在直播间进行讲解和售卖。这既降低了线下展览的成本，也给更多客户打开了了解产品的窗口。

比如针对柴油类工业品，企业可以现场做密度实验；针对重型设备，可以讲解模型。相较于以往线下展览的形式，直播间的性价比更高，而且主播可以批量解答屏幕留言区大家的提问。

直播时，主播既可以讲解产品设计的技术原理，也可以讲解产品的功能价值，甚至可以3D展示工业品的模型。对于观众而言，是一次了解产品的"视听盛宴"。

错过直播的观众也可以在直播结束后，观看针对每个产品的讲解单独剪辑出来的短视频。每个视频截取幽默短句，配合丰富的画面角度，并添加字幕，就成了很好的产品介绍系列视频。

企业不再需要印刷厚厚的文档资料，也不再需要电话销售人员逐一地介绍产品，通过短视频账号就能系统地提供产品相关信息。

尤其在抖音直播间可以设置会员积分，站在企业的立场上，每一个愿意加入会员的观众，都有可能变成潜在客户。所以，直播带货解决了短视频内容难以从播放量等数据转化成具体商机的问题。

随着虚拟主播的出现，企业对直播间人力成本的投入也变得可控了。人工和数字化协同的方式，可以帮助企业实现直播效果的最大化。

5. 社群转化

社群是以兴趣、爱好为基础组建的一种虚拟聊天空间，包括抖音、视频号在内的短视频平台都可以进一步设置粉丝群的功能。比如，视频号可以引导观众添加企业的微信，这也是一种更紧密的链接，意味着企业可以跟用户直接对话，了解他们的需求，促成订单。

社群的运营既需要对社群确立正确的定位，比如二手设备交换群，这样的群就是为粉丝建立一种价值链接，也需要聘请相应的管理人员来维持社群的秩序。

社群本质上是企业提供的一种隐性的服务，也许很多人还没购买企业的产品，但由于感受到服务的价值，也会对企业心生好感，由此可能转化为实际购买者。

作者简介：

陶可可，自媒体人。曾在人工智能、智能制造、云计算等行业头部企业负责品牌营销工作。

SDR团队搭建与工作技巧

SDR在市场营销中的重要性

1.什么是SDR

SDR是英语Sales Development Representative的缩写，即销售开发代表。销售人员这一角色已经存在了几十年，为什么现在很多企业开始将SDR纳入销售周期？主要是因为技术和需求使企业越来越难找到和触达高质量线索。

SDR的角色最早可以追溯到二十世纪八九十年代，当时美国的甲骨文公司和Salesforce等大公司开始打破传统的销售流程，在整个销售周期的开始阶段（判断线索是否合格）和结束阶段（关单）创建了一个新的角色——SDR。

随着数据分析、电子邮件和社交平台、行为跟踪和客户关系管理（CRM）的兴起，企业可以将技术、过程和人结合起来。而在整个销售周期中，为了让各个阶段的流程无缝衔接，企业发现SDR这一角色成了其中必要的组成部分。

营销不协同是很多企业面临的问题，市场部和销售部经常会因为线索质量产生矛盾，SDR的出现，主要也是为了解决二者之间存在的矛盾。目前，SDR团队已经成为现代销售组织的关键部分。他们的主要能力在于清洗线索数，将暂无意向线索（cold leads）和明显的线索（warm leads）转化为真正的销售机会，更好地协同销售部和市场部。搭建SDR团队并投资这个团队，可能会对销售人员的关单效果产生指数级的影响。

随着精细化管理和分工,SDR还衍生出市场开发代表(MDR)和业务开发代表(BDR)两个分支。区别在于MDR主要负责进项线索(inbound leads)的开发和挖掘,BDR则负责外部线索(outbound leads)的开发和挖掘。相对来说,进项线索是客户主动留资或注册,对企业产品或方案的某些层面有了解和认知,企业会更容易获得这些客户的信任;MDR的重点是吸引客户进一步了解产品,产生洽谈的兴趣。而外部线索需要BDR通过各种工具或互联网去搜寻潜在客户,并突破障碍,让潜在客户对产品或方案有基本认知后,才能挖掘其需求,难度高很多。

2.SDR在市场营销环节中扮演的角色

SDR的任务不是签单,而是尽可能地判断客户意向、挖掘客户需求,并评估不同营销渠道的线索质量,筛选出高质量的线索转给销售部。

按照传统的B2B市场营销漏斗,市场部获取原始线索(pre-leads)后会直接移交销售人员跟进。销售人员把大量时间用在培育客户上,而非推进商机转化层面,比如介绍产品、激发客户兴趣、传递企业服务价值,因此转化效率较低。为了最大限度发挥出销售部的价值,企业可以将市场营销环节拆解为原始线索、市场认可的线索(MQL)、销售认可的线索(SQL)。我们会发现,SDR参与的环节就是在原始线索中挖掘MQL并转交给销售部,销售部负责判定线索质量、接收并跟进(见图4-19)。

比如,市场部通过各渠道获取了原始线索,SDR通过标准话术挖掘出更多客户信息,识别MQL后转给销售部(见图4-20)。销售部可以自行判断被转交的客户身上是否有商机,如果可以则接收为SQL,持续跟进客户。这里MQL的标准一般来说要符合3个条件:(1)与企业的行业、规模、营收匹配；（2）对接客户职务为企业需求相关方部门或具备决策权的管理层；（3）客户有意向跟销售人员进行下一步的洽谈或约访。SQL的标准则需在MQL的标准上增加一条，即客户对企业的服务/产品有明确需求。

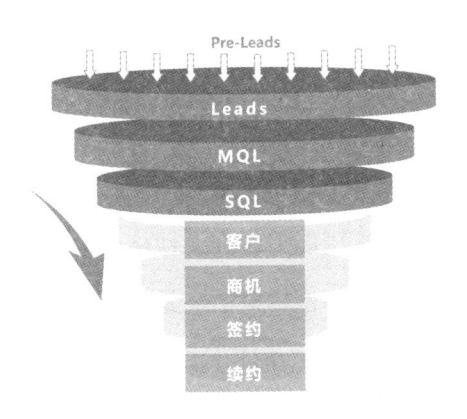

图4-19 市场营销环节拆解

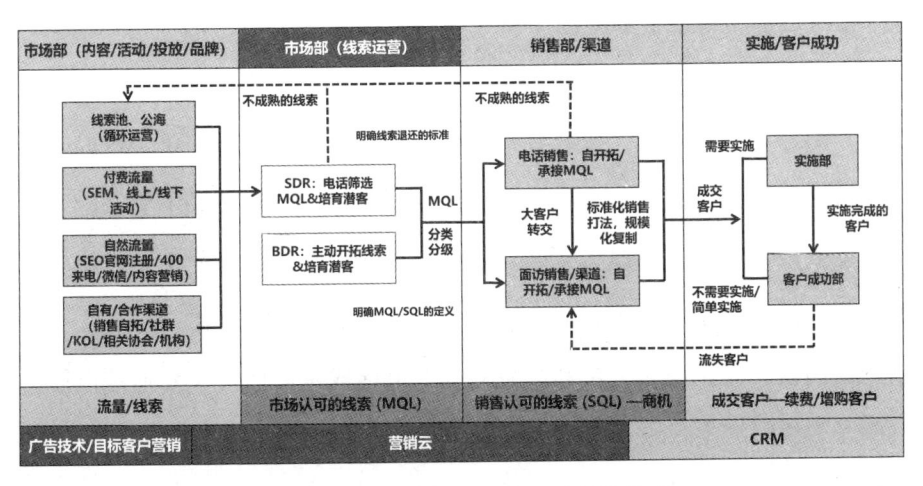

图4-20 SDR在工作流程中的具体体现

SDR团队如何搭建

1.SDR的画像

在搭建SDR团队的时候，首先要关注的问题是部门的归属划分。为了更好地帮助市场部对营销行为和渠道的效果数据做反馈和优化，以及为了确保SDR团队和市场部工作目标一致，建议SDR团队划分到市场部。其次是候选人画像，优先考虑有B2B行业产品1~3年面销或者电销经验的候选人，且候选人学习能力及抗压能力要强，性格外向，乐于与各种各样的人交谈。这样的条件，不管是打推销电话还是挖掘客户需求，相对来说都更容易上手，也更好培养。其中，前述MDR和BDR的工作任务及需要的技能是不同的，BDR通常需要比MDR更了解产品知识，学习能力和主动性更强。

2.SDR的工作职责和范围

整体来看，SDR的主要工作分为三大块：筛选高质量的线索，将高质量线索分派给销售团队，以及针对低质量的线索进行持续孵化。所以，第一，SDR需要和市场部其他职能岗位（比如投放、内容、活动）紧密配合，对前端获取的线索进行质量判断，决定这些线索是继续孵化还是直接转出给销售人员拜访跟进；第二，SDR需要与销售团队密切合作，将MQL交付给销售团队，安排销售人员和高意向客户电话或见面商谈，并追踪反馈，判断是否值得继续跟进，即是否接受为SQL，从而形成营销闭环。

3.SDR团队配置及考核

如何向企业申请搭建SDR团队？团队需要多少员工？如何衡量岗位职

第四章 营销协同与市场运营

能的ROI？

我们可以简单地遵循"80/20"规则来判断：销售人员的主要精力应该用在成单上，具体说就是跟进符合企业收入目标的画像客户，跟进具有购买意向的销售过程。一旦销售团队把超过20%的时间花在任何一个次要的任务上，那就说明需要有一个新的角色（即SDR）来承担这一职责。例如，销售人员的主要任务是成单，如果他花费20%以上的时间来筛选哪些是高质量线索，那么就需要考虑聘请SDR来专注于线索筛选和邀约分派了。如果销售团队很难投入足够的时间对线索的质量进行判断，或者在漫长的销售周期中很难保持对线索的持续关注和孵化，那么就需要考虑搭建一个SDR团队，通过聘请SDR，致力于为销售人员成单创造更多高质量的线索。

SDR的职责既然是为销售团队输出SQL，那么我们可以简单地判断一下，假定一个销售人员的年度目标是x万元，企业的平均客单价是y万元，那么销售人员一年需要签约x/y个订单。通常，SDR并不能给销售团队100%供给，因为销售人员的签约客户不总是通过SDR分派过来，还有部分是通过他自己的人脉开拓转介绍而来。通常，能做到50%的成交由SDR贡献就已经很不错了。可以得出结论：SDR需要给每个销售人员贡献（x/y）/2个成交客户。通常8个SQL能成交1单，所以这个销售人员需要SDR全年供给（$8x/y$）/2个订单，也就是4（x/y）个订单。而一个SDR每月需要产出15个左右的SQL，这样就能计算出一个SDR通常可以覆盖多少个销售人员。

当然，不同行业的客单价不同，导致一个销售人员每年签约的数量方差较大。但通常来说，一个SDR全年可以产出150~180个SQL，成交20~25单，覆盖5个销售人员，剩下的就需要销售自己去开拓了。不同的企业差异比较大，比如有些企业销售人数很少，大部分成交完全可以依赖SDR转出的SQL；有些企业销售人数多，动辄几百人，而线索数量并不是很多，大量的线索可以由销售人员直接联系，只需要少量SDR对销售人员跟进后没有结果的线索进行二次引导和挖掘。不管怎样，1个SDR覆盖5~6个销售人员，是行业里常见的比例，但企业的销售客单价和销售团队的规模会导致不同企业SDR团队人数有较大的差异。

SDR的工作技巧

1.如何筛选和寻找客户

销售内容管理软件公司PersistIQ的研究显示，SDR会将符合以下几点的线索判定为高质量线索：潜在客户遇到与产品相关的痛点，需要购买产品或服务解决痛点；潜在客户有预算购买相关产品或服务；潜在客户职位较高，有产品购买决策权；有明确的采购时间或项目计划。

市面上有很多营销自动化工具可以帮助企业判断线索质量。系统会根据用户行为给线索打分，高分值的用户即频繁和企业发生互动的潜在客户，对企业产品认知较高，可视为高质量线索。针对不同成熟度的线索，SDR可以设置相应的分值，高分值线索可以直接转出给销售团队，而低分值线索则在流量池中继续培育。

在与客户的沟通中，SDR通常要面对的问题是如何开发新的线索，这些客户是谁，他们在哪里。

首先，SDR要清晰地梳理出用户画像，比如企业规模、所属行业、联系人职位、负责工作模块等；针对个人，这些岗位人群有无活动需求、社

第四章 营销协同与市场运营

交需求、内容需求；针对个人背后所在企业，他的工作职能需要了解什么内容、参加什么论坛等。所以，SDR寻找客户的第一步就是把目标用户画像梳理清楚，了解客户需求，频繁接触，这样才有机会拉近与客户的距离，输出自己企业的产品价值，获取客户的好感或信任。

其次，SDR不是面销或电销，不是卖产品的，而应该是具备专业知识的咨询顾问角色，帮助客户解决当前遇到的痛点。比如，当SDR需要推销一台医疗仪器给医院的主治医生或主任时，不能对基本的医疗常识完全不知，不然沟通起来就很尴尬了。SDR要建立自身的专业度，通过社交账号不断营销专业形象，比如高频发布行业最新动态、政策、活动等。让自己贴近行业专家的形象，同时主动结识行业KOL，在社群中与KOL互动，让客户感知你在行业里的人脉和专业度。

接下来，通过与行业KOL深度链接进入行业圈子。不断认识圈子里的人，从而不断曝光自己，认识更多客户。除了做这些，SDR还要清楚，绝对不能停留在表面，要做到真正提升自己，这样才能获得客户长久的信任。

2.SDR针对不同阶段线索的孵化机制

通常，进入流量池的线索分两类：一类是通过内容/活动注册进来的客户；另一类是通过官网、400电话等主动找上门的客户。针对这两类潜在客户，SDR的话术应当有所区别：

通过获客型内容（如获客型直播、白皮书）注册进来的客户，目前还处于意识阶段，卷入程度不深，防备心理较重。因此，在挖掘这类客户的需求和信息的过程中，SDR需要循序渐进地引导和培育客户。

主动通过400电话或百度商桥等找上门来的客户,通常对产品的兴趣度和采购意向较高,因此SDR要做的是快速回应他们的问题,并且判断其需求和企业的产品或服务是否匹配。

在B2B的营销过程中,90%的线索都被浪费了。客户通常可能会因为如下原因无法立刻采购:第一,客户对企业的认知不够深;第二,客户目前缺少资金;第三,客户的岗位没有足够的决策权;第四,客户目前正在用竞争对手的产品,而且短时间内无法更换。

这部分客户可能当下没有需求,但不代表未来没有。因此,企业一定要针对潜在线索持续孵化,让客户一旦有需求,第一时间想到自己。这时,SDR就可以再次把线索转出给销售人员了(见图4-21)。

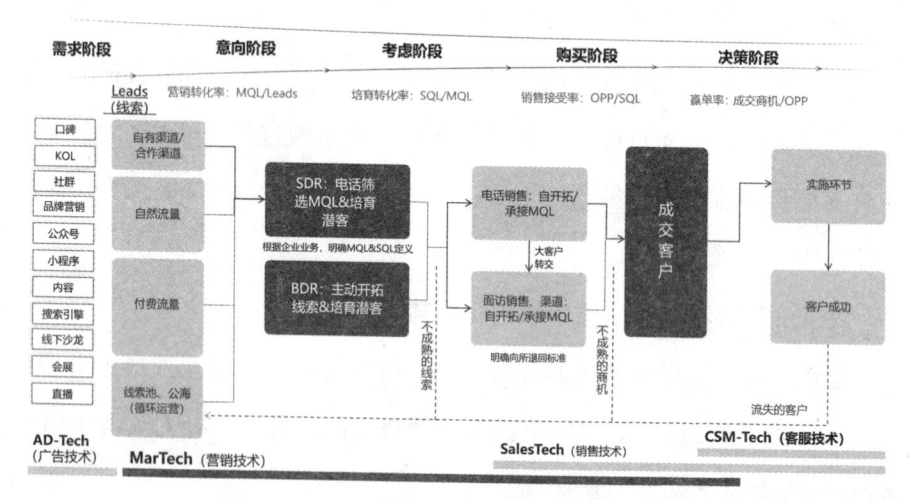

图4-21 SDR针对不同阶段线索的孵化机制

3.通过营销自动化工具建立线索孵化流

致趣百川是一家一站式营销云服务商,可以高效进行线索孵化。通常

第四章 营销协同与市场运营

企业面对的客户线索数量有成千上万条，仅靠SDR人工跟进的效率太低，通过营销自动化系统可以大幅提升SDR的工作效率。致趣百川可以做到营销自动化，在特定的时间向特定的人群发送特定的内容，形成自动孵化流。

这里，孵化流一般分为3种类型，在客户不同的阶段设置不同卷入度的"鱼饵"，能有效引导客户进入更深的市场"漏斗"。第一种，欢迎式孵化，在客户刚刚注册的阶段，向客户密集推送内容，告知客户与企业、产品有关的基本信息；第二种，滴灌式孵化，根据客户跟企业互动的行为，判断出线索目前处于什么培育阶段，以此安排下一步行动；第三种，激活式孵化，通过调整内容和互动方式，激活那些沉睡很久、没有和企业发生新互动的线索客户（见图4-22）。

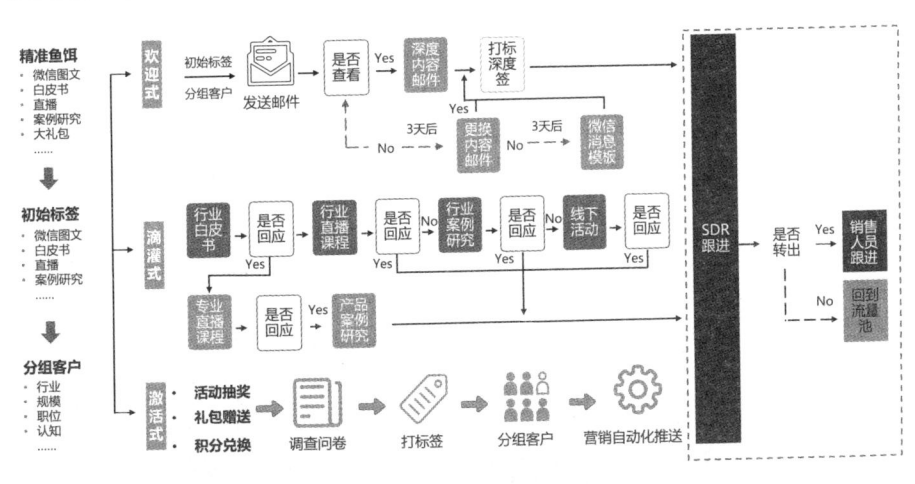

图4-22 3种典型线索孵化流示例

当然，每家企业都会根据经验总结出适合企业的、效果更好的线索孵化流，工具的介入更多是为了赋予行为发生的机会。只要让SDR做好人群分类、素材分类，制定出针对不同人群的推送策略，再结合致趣百川B2B一站式营销云，即可大大提高线索孵化的效率，完成营销指标。

作者简介：

刘玺，资深B2B营销专家，15年数字营销经验，负责致趣百川营销团队管理与业绩增长，对企业营销体系搭建与数字化营销转型有着丰富的经验。

第四章　营销协同与市场运营

本章小结

本章从营销协同的角度,探讨了专精特新企业通过应用新媒体工具和平台,促进销售业绩可持续增长的实战策略。

《5S数字化营销模型》从数字化营销角度提出5S模型理论,并做了详细阐述;《官网搭建与运营技巧》对专精特新企业官网的搭建与运营方法做了详尽解读;《搜索引擎营销技巧》聚焦专精特新企业搜索引擎营销技巧和关键词营销方法;《新媒体营销方法与工具》对专精特新企业如何应用新媒体做营销,做了方法和工具论述;《布局短视频领域的5个思路》对专精特新企业在短视频领域的实战应用进行了剖析;《SDR团队搭建与工作技巧》深入浅出地分析了SDR在市场营销中的重要性、如何搭建SDR团队,以及SDR的工作技巧。

数字经济时代,媒介工具及内容生产方式正在发生天翻地覆的变革,营销协同之门才刚刚打开,无限的未来正等我们一起去探索。

下一章,我们将从价值销售和销售实战技能提升的视角切入,探究专精特新企业品牌营销方法论的奥秘。

第五章
价值销售与销售实战技巧

销售人员就是卖东西的吗？

如果在大街上随便拦住一个人问这个问题，估计他们会觉得你莫名其妙——销售人员不是卖东西的，还能是干什么的？这不是明知故问嘛。但是当我们把同样的问题抛给专精特新企业的资深销售人员时，大家的回答却是"不是"。

这到底是为什么？显然，专精特新企业的销售工作并不是大众意义上的东西买卖，而是价值沟通和专业服务。专精特新企业的销售过程，其实是与目标客户建立联系、深化信任和升级关系的过程。

本章主要探讨价值销售与相应的销售实战技巧。

第五章　价值销售与销售实战技巧

销售如何真正实现以客户为中心

随着近些年学习华为的浪潮涌现，"以客户为中心"已经成为一个热门话题。然而，到底应该怎么理解这句话？这个问题如果问100个人，恐怕将会得到100个答案。什么是以客户为中心？如何做才能以客户为中心？这的确是一个见仁见智的问题。

在培训时，为了降低理解难度，我经常会把这个问题换一种形式——"以客户为中心，是把客户的什么诉求放在第一位？"得到的答复自然五花八门，有回答客户关系的，有回答物质回报的，有回答更低成本的，有回答更优服务的，有回答采购标准的，有回答合规控险的……当然，这些回答都不能算错，但都是以偏概全。

真正的以客户为中心，是以客户的需求为中心。与此同时，由于每个关键客户都是活生生的人，都同时兼有"组织"和"个体"的身份，这就导致了需求的二重性，所以，"以客户为中心"就意味着销售组织要懂得如何同时满足关键客户的组织需求与个体需求。

有经验的销售人员（这里专指工业领域的顾问型销售人员）都知道，做业务时一定要避免在与客户沟通的前期直接陷入各项性能指标的细节泥沼。比如说，成本不能太高，操作一定要简单，设备自重不能大于2000 kg、处理速度不低于每分钟50次，防水系数不能低于3 bar、响应时间不能大于3 ms……当客户提出这些要求时，很多年轻的销售人员在与客户沟通时很容易陷入这些具体数字的纠缠，却忘了问"什么样的操作才算简单"或者"为什么设备自重要小于2000 kg"。客户对供应商的所有要求都是构想，这些构想背后隐藏着的、客户希望达成的业务目标，才是真正的需求。销售人员只有从客户需求出发，以客户的业务目标为原点去思考如何解决问题，才能真正做到"放下产品做方案"。

西方销售理论模型中，将"可用"销售人员分为6种类型：（1）讲述者（teller）；（2）销售者（seller）；（3）农民（farmer）；（4）猎人（hunter）；（5）创造者（creator）；（6）合作伙伴（partner）。其中，"teller"和"seller"这两个词用得尤为传神。

teller——讲述者，顾名思义，这类销售人员"爱说"。他们熟知各种产品知识与行业知识，也具备一定的与客户打交道的能力，在与客户沟通时习惯旁征博引、滔滔不绝，看上去非常专业。而这类销售人员占整体销售人数的80%以上（需要注意的是，那些连基本知识储备都没有的初级销售人员，并不在"可用"销售人员的讨论范围中）。但seller——销售者，才是我们期待的顾问式销售人员的模样，是真正意义上"销售"中的"顾问"。但能做到这个水平的销售人员，连两成都不到。有趣的是，teller和seller需要的"硬件资质"（即知识与经验）其实差不多，但这二者之间却有一条巨大的鸿沟——这条意识上的鸿沟，就叫作以客户为中心的思维模式。跨越这条鸿沟，有人可能会用几天，而有人却可能要用上几十年。

以客户为中心，就是要有同理心，能从客户的角度去理解客户眼前面临的业务困境以及需要实现的目标，也就是要能着实、真切地感受到客户的情绪和需求，并尽己所能地为其提供情感上与实际上的帮助。这恰恰是满足客户需求二重性的重要路径，也正因此，能否做到"以客户为中心"就成了销售庸手与销售高手之间的分水岭。

第五章 价值销售与销售实战技巧

可能有的人会问：我的产品明明可以为客户提供很多价值，帮客户节约成本、提高效率，如此明显的收益，难道不是业务目标吗？答案还真未必，至少未必是"他"的目标。即便是同一家企业，不同的角色看重的东西也会完全不同。比如说针对一位生产总监，你说你的设备能提升生产效率，他可能会很有兴趣；可你要跟他说你的设备最便宜，那他基本上会毫不在意。很多时候，生产总监巴不得用最贵最好的设备呢。而如果和采购谈，他的关注点很可能恰恰相反。这一点，我们就称为"组织需求的角色属性"。在实践中，我会带着学员一起梳理出目标客户的"角色需求清单"。在同一个行业中，如果企业的体量和发展阶段相近，那么即便是不同企业，只要职位相近，他们遇到的问题和目标就很可能有很大的交集。所以，有了这张"角色需求清单"，我们的一线销售人员就可以在一定程度上"按图索骥"了。

但如果是重要的战略级客户，那光靠这份需求清单还不够。需求清单就像是一个钥匙库，销售人员从库里选钥匙，去开"客户业务困难"这把锁，去猜客户的真实需求。显然，这种"开锁"的成功是有一定的随机性的。那能不能让"开锁"的成功概率更大一些？能，方法是"解读客户KPI"。当销售组织通过一定的手段获知客户的部门KPI与个人绩效承诺（PBC）之后，自然就知道了每个客户在业务层面的关注点分别是什么。而后，再以此为基础梳理出"角色需求补充清单"，帮助客户设计如何解决眼前的业务问题，实现业务目标，甚至帮客户搞定部门KPI。这才是以客户为中心的思路，自然也更容易获得客户的青睐。

帮客户实现个人业务目标或者搞定部门级KPI，就是以客户为中心的最高境界了吗？当然还不够，我们来看一个真实的案例。

让我们把时钟往回拨到2020年年底。罗振宇在每周三的"启发俱乐部"演讲中，分享了一件在他身上刚刚发生的事。

罗振宇旗下的"得到"是一家知识付费型企业，是典型的互联网公司。互联网公司极其重视数据的稳定与安全，因此公司一直将所有客户资料和业务数据存储在综合实力全国排名数一数二的阿里云上，每年为此有大约几千万元的成本。双方本来合作得很愉快，但华为云的销售人员却找上门来要与"得到"洽谈合作。实际上，华为云的销售人员陈盈霖已经"跟踪"罗振宇两年多，却从来没有打动过罗振宇。可陈盈霖不愿意就此放弃，依然不屈不挠地继续给罗振宇发邮件。正是这封邮件，让见识过大风大浪的罗振宇忽然直接自我坦承"跪了"，甚至公开喊话："把陈盈霖送到得到来，他头天入职，咱们第二天就签约。"

这封创造了奇迹的邮件并不复杂，归纳起来就这么几个意思：

1.华为云在现有客户中精挑细选，帮助"得到"找到了一家愿意付费500万元的客户。前面的事情我们都办好了，给我们一个对接的联系人，你们就可以去签合同了；

2.这件事情与华为云和"得到"合作与否没有关系，所以请不要有顾虑和压力，我们只是想客户之间达成一致、双方共赢。至于华为与"得到"的合作，慢慢来，不着急，不强求；

3.在友商的眼中，"得到"只是一个大客户，但对华为云来说不一样。我们的总裁、副总裁都是"得到"的用户，所以华为云有幸给"得到"服务的话，会调集最优秀的资源投入项目中；

第五章 价值销售与销售实战技巧

4.就算是拒绝我们100次，我们依然相信在第101次的时候，一定可以在某个点打动你；

5.华为云可能没有"美式装备"，但是"得到"最需要的时候，我们一定是"金刚川"上的那座"人桥"。

这封邮件妙就妙在陈盈霖既没提"产品（方案）"，也没提"价格"，而很多销售人员离开这两样东西基本就不会说话了。他不提产品也不提价格，却还是能提出"为客户创造价值"的方法，这就是最打动罗振宇的地方。这是典型的"以客户为中心"的思维方式和外在表达。

可是问题来了。阿里云不以客户为中心吗？这似乎并不可能，尤其是"得到"App的体量不小，还是颇具代表性的行业标杆客户。那么既然都是以客户为中心，华为云到底是怎样找到切入点进行突破的？是"小陈同学"的真诚与执着？是华为云高管的青睐让人如沐春风？还是最后的服务承诺让罗振宇头脑发热了？我相信，对于见惯了形形色色的人和事的罗振宇而言，如果只谈"态度"，恐怕最终这也只是一个"十动然拒"的故事。在商言商，吸引一个商人的一定还是"价值"。那么，陈盈霖到底给罗振宇提供了什么样的价值，才会让罗振宇甘愿承受"更换核心供应商"这么大的风险？

所谓销售其实就是将供应商价值转化为客户利益的过程。其中，供应商价值又包括以交付价值为主的组织价值（通常就是产品价值或方案价值），以及以信息价值（咨询价值）为主的销售人员个体价值。而客户利益则可大致分为战略利益（直指客户的战略目标及战略目标达成的关键任务及核心路径）、流程利益（包括管理层面的利益，因为就本质而言，所有管理的终极目标都是优化流程)、操作利益(即产品的易用性、功效等)三大维度。

当然,这些客户利益还可以更加细分,按照瑞克·佩吉(Rick Page)在《竞争性销售:简化企业销售的六大关键》中的说法,它们还可以延展到"战略>政治>财务>文化>流程>操作>能力>特性"这几个由高到低的维度。瑞克·佩吉将其称为"大鱼吃小鱼"的"价值食物链"。我们不需要了解那么细,只需要记住"战略、流程、操作"这三大维度。而这三者之间就像"核武器、热兵器、冷兵器"一样,完全是高对低的碾压,即所谓的"降维打击"。

作为一名出色的销售人员,脑海之中一定要有维度的概念。总的来说,方案的维度可以分为标准产品、标准产品组合、标准产品加标准服务、产品加定制化服务、系统性解决方案等几个层级。当然,这还是在"产品/方案"(供应商价值)这个大视角之下,基于马斯洛需求金字塔的个体需求维度;而上面的"价值食物链",本质上就是客户的"组织需求金字塔"。

现在,让我们回到开始的案例。陈盈霖与华为云到底为"得到"提供了什么样的价值?首先,是一张价值500万元的订单,这是信息价值,可以把它归为供应商价值或销售人员个体价值。但它明显不足以影响客户的采购决策。其次是服务承诺,但就像我们提到的,"真诚的态度"更无法成为一个重量级的砝码。

罗振宇到底看中了什么?其实,答案就在他的答复里。罗振宇说,两个方案只要满足其一,立马就签合同。第一,是直接把"小陈同学"从华

第五章 价值销售与销售实战技巧

为云挖走，入职"得到"；第二，是华为出人帮助"得到"打造一支能真正做到"以客户为中心"的销售队伍。

所以，罗振宇的真实目标是"实现以客户为中心的销售体系"。结合当时"得到"正在主推B2B业务模式的背景，我们不难猜测，打造"实现以客户为中心的销售体系"必然是"得到"实现其战略目标的关键路径。

换言之，罗振宇希望借助这个机会，有效推动战略达成，即获得战略性利益。为此，他愿意承担更换供应商的巨大风险与不便。正是这种"更高维价值"（战略性价值）回报，才推动了罗振宇做出这样的决策，这就是"降维打击"的根本逻辑。它才是华为云在产品、服务、方案甚至价格都不占优势的前提下，终于迎来曙光的根本原因。

某种意义上说，陈盈霖的这次销售多多少少有着运气的成分。"小陈同学"未必是主动解码了"得到"的当前战略，而是在这个时间窗口，"得到"恰好有这方面的战略性需求，而华为云与陈盈霖又刚好让罗振宇看见了能满足这种需求的能力。所以，这是偶然。但另一方面，这也是必然。因为就像邮件中所说的，"就算是拒绝我们100次，我们依然相信在第101次的时候，一定可以在某个点打动你"。

不用第101次，这一次，陈盈霖就撞上了"那个点"，刚刚好。

亲爱的朋友，如何设计"那个点"，你明白了吗？

作者简介：

郭松，华为系企业管理和大客户营销专家，拥有14年华为营销团队管理与实操经验，深度参与华为LTC（从线索到现金）流程推广及"铁三角"运作，多次成功主持10亿元级别的集中采购项目，所率团队曾获得华为最高团队奖项"金牌团队"奖。

销售如何使客户建立品牌信任

专精特新企业品牌的本质：建立信任

B2C领域的品牌购买决策模型往往是这样的：在众多同类产品中，消费者会迅速筛选出几个听说过的或熟悉的品牌，影响决策的主要因素可能是产品的功效、样式或是性价比，抑或单纯因为品牌的独特个性与形象。

而B2B商业的本质是生态化价值网络之间的价值传递与整合，所以客户采购决策的主要考虑要素包括品质、成本、交期、服务及风险。特别是风险要素，无论负责采购的是个人还是企业组织，对它都具有天生的敏感和恐惧。因为一旦风险发生，企业的价值传递就不能按照预期进行，企业将置自身于信任危机之中。所以专精特新企业的交易过程不只是销售商品，还要让对方感到放心、安心。在专精特新企业中，品牌的价值就在于传递信任，保障产品可靠性，品牌是抵消风险和恐惧的最有力武器，也是对前述5个要素所包含内容的承诺。因此可以说，专精特新企业品牌的本质就是建立信任。

创建品牌之信任模型："人、货、场"

本文基于"品牌是客户感知价值的总和"及"值得被信赖和托付"定义的内涵，通过品牌接触点中的"人、货、场"来构建专精特新企业品牌之信任模型，从而阐述企业品牌塑造过程。具体模型如图5-1所示。

1. 人
价值窗口

3. 场
价值证明

2. 货
价值呈现

图5-1　专精特新企业品牌之信任模型："人、货、场"

人：价值窗口

人，信任模型中的"人"的要素，不仅仅是指销售人员的范畴，更是指企业全体人员，包括企业总经理、技术部、售后服务部及后勤保障人员。有时候，客户经过企业某个地方，碰到搞卫生的阿姨，阿姨对客户微笑，问候一声："您好！"也会让客户对企业产生信任感。

人是企业的第一资源和核心要素，也是企业对接客户的窗口与桥梁。客户要对企业产生信任，首先要对企业里的人有好感。在逐步接触与交往的过程中通过观察、感受企业中人的行为方式、说话口气、表述用语等，体会他们展现出来的职业素养，感到不被排斥，进而通过对主要交往人的观察，判断其是否诚实可靠、言行一致、信守承诺，形成对所交往对象个人的信任，并最终把这种对个人的信任投映到对企业商品的信赖上。

客户对企业人员的信任，除了从基本待人接物行为的观察而产生，还取决于企业员工综合能力的展现，特别是专业服务能力。因此，企业营造

第五章 价值销售与销售实战技巧

良好的学习氛围，形成学习型企业组织，是提升员工综合能力的根本路径，也能让企业充满活力与创造力。因为一个没有学习气氛和文化气氛的企业，无从提供高品质的产品、好的服务及富有竞争力的成本，无法提高信誉、赢得客户的信任，更难创建客户信任之品牌。

货：价值呈现

模型中的"货"指的既是有形的产品，也是无形的服务方案。客户对"货"的信任基于3个维度：高品质的产品、好的服务及富有竞争力的成本。

第一，客户对产品品质的信任。没有品质的产品是缺乏稳定性的，即使技术水平再高、功能再强大，对于客户来说也是没有价值的。因为这样的产品在使用过程中会带来不确定性。品质对于生产企业来说，是长久生存之本。在产品同质化的当下，满足技术与功能需求的产品，品质稳定是吸引客户的第一步，或者说品质是客户对企业产生信任的最基本要素。

第二，客户对企业服务的信任。客户在交易中除了对技术、功能、品质等有要求，还希望产品交期有保障、售后及时周到等服务需求能够得到满足。"服务"是产品整体概念的一个层次，好的服务值得客户托付，由此建立的信任是最终赢得客户的压舱石，甚至基于此信任，会触发更加深入的合作，如联合研发、技术合作、数据共享等。这些都是客户对企业服务信任的体现。

第三，客户对企业产品成本竞争力的信任。企业与客户之间需要建立互惠双赢关系。如果企业提供给客户的产品价格不具备竞争力，客户的产品成本就缺乏市场竞争力。所以企业为客户提供的产品价格应随时间周期和采购数量的加大做出一定比例的调整。通过灵活的价格策略，确保客户的产品成本具有竞争优势。只有持有长期主义成全客户，才能赢得客户。基于这种信任，客户才会源源不断地给合作企业提供订单。

场：价值证明

模型中界定的"场"，是"真实场所+虚拟场所+管理体系"的领域范畴。它不仅仅包括常说的企业所有场所和网站等，还包含各场所向客户呈现和传达的一切符合企业品牌定位的设计信息——前台、会议室、展示厅、办公区、生产车间、5S（整理、整顿、清扫、清洁、素养）管理、会展、典型客户、企业介绍等。其中无论是实物、灯光还是气氛，都在展示品牌气质，证明企业有实力且可靠，能够给客户创造价值，是值得信赖的。

对于专精特新企业来说，"场"的利用在营销中非常重要。特别是在和客户洽谈合作前期，由于专精特新企业都是成长型企业，其市场声誉、销售业绩还无法让客户对其具有品牌认知性，初步接触时客户与销售人员和产品还没建立起信任，这时借助"场"具有的功能，可以快速、真切地传达出信息，促使客户对企业建立初步的信任。"场"的打造，需要按照客户参观流程进行重点关注，如前台、会议室、展厅、办公区、洗手间、生产车间、仓库等。

品牌之信任模型："人、货、场"的实践案例

如何将品牌之信任模型在营销实践中落实？接下来我将通过一个从线索到售后服务全流程的营销案例，说明该模型在专精特新企业中的应用

过程。为了保护客户隐私，案例中涉及的客户及相关人员均用英文字母表示。

线索来源

2018年8月某一天，客户C公司在ST公司的网站上看到板卡定制业务，于是根据网站上的联系方式联系到ST公司的小G，想了解一下该业务。小G这时已转到公司其他部门，于是她把客户的电话给了销售部，销售经理安排经验丰富的销售人员DZ与客户对接沟通。

人：销售人员DZ接到线索后，第一步的动作是根据客户提供的信息进一步核实查询，尽可能多地了解客户情况，登记客户信息，计划下一次电话沟通时间。

货：初步分析客户需求，列出下一步沟通时客户需要了解的产品信息。

场：ST公司汇总客户线索来源，优化广告投放；根据销售人员登记的客户信息进行分析；为销售人员提供技术顾问或顾问小组协助支持。

客户邀约

周一拿到客户电话后，周二的十点半左右，DZ给C公司客户打电话询问需求，并初步评估公司能否满足客户需求。评估确认可以满足的情况下，DZ向客户发出进一步了解需求和探讨技术方案的邀约，并询问对方地点是选他自己的公司还是他到ST公司。客户决定前往ST公司面谈，紧接着双方敲定来访人员和会议时间。

人：在与没有见面接触的客户电话沟通时，需要充分考虑打电话的时机。一般情况下，周一很多企业要开会比较忙，周五即将过周末心比较慌，所以对新客户，应尽量避免在这两个时间段进行沟通或安排见面。当然，对老客户，摸清客户情况后，可以根据事情的轻重缓急来安排沟通时间。时间选择没有对错，关键在于在恰当时间联系到对的人。

在询问客户需求时，需要提前准备话术，了解项目所涉及的技术和技术难点问题。在和客户沟通的过程中，回答客户问题要展现出高专业度。如果遇到不懂的技术问题，可以先记下来，并邀约客户见面时和研发一起讨论。销售人员专业、稳重、踏实，能给客户好的印象，是赢得客户信任的第一步。

货：需要尽可能地挖掘到客户真正的需求，为下一步方案讨论做准备。

场：邀约客户见面时一般有3种场所：一是请客户到自己企业，二是去往客户所在企业，三是其他地方如咖啡厅、茶馆等。在考虑邀约的"场"时，需要考虑以下几个因素（见表5-1）。

选择"场"的技巧：如果自己企业的"场"好，尽可能邀请客户到企业，因为企业的"场"能够帮助销售人员与客户建立第一步信任，且有主场优势；如果企业的"场"一般，销售和技术能力都很强，则以"人"与客户建立第一步信任为佳，也可以选择客户的"场"，顺便了解客户企业的规模和实力。如果客户选择咖啡厅、茶馆等场所但没有确定的具体地点，销售人员可以推荐自己熟悉的"场"，确保心理上的主场优势。最后，不管"人"能力的强弱，自己企业的"场"永远都是首选。

第五章 价值销售与销售实战技巧

表5-1 考虑邀约的"场"时，需要考虑的因素

人	场	选择
销售强/弱、技术强/弱	好	自己企业的"场"
销售强、技术强	一般	客户的"场"
客户	客户指定	咖啡厅、茶馆等

准备工作

在确定会议时间后，销售人员要准备会议资料与见面的全流程，做好会议准备工作及客户参观"场"的路线准备（见表5-2）。

表5-2 确定会议时间后的准备工作

序号	工作内容	备注
1	确定与会人员名单，通知到位	根据客户来确定人数，企业与会方人数和客户人数一样或多1人
2	召开与会人员碰头会，商讨首次会谈事项	需求、技术、商务等讨论
3	拟定会议流程	
4	撰写企业介绍	重点工作
5	设定参观路线	
6	准备客户记录本和笔	记录本最好带企业logo
7	制作与会人员名单、台牌	
8	准备会议室	

人：首次见面，客户有3人来公司，包括总经理、产品经理和技术总监。DZ邀请自己公司的总经理、项目总监、技术总监与会。共计7人参加面谈。

货：在展示中心展示公司产品，无法现场展示的项目方案可以在大厅展示屏播放，并在企业介绍PPT里进行讲解。

场：首次会谈在ST公司，这个见面的"场"（平台）很重要。聪明的销售人员都会精心利用"场"与客户建立起初步信任。

会议室是主要的"场",因此要重点做好会议室这个"场"的准备和布置:会议室的橱窗展示柜里放置公司各种证书,提前在PPT里打上"热烈欢迎C公司××总经理一行来我司洽谈指导"并投屏,准备好企业介绍的文件,通过专业人员讲解来建立客户对公司品牌的信任。

另外,要根据客户参观流程布置其他"场",包括前台、会议室、展厅、办公区、洗手间、生产车间、仓库等。下面以展厅场景图片为例进行说明(见图5-2)。

展厅通道上,有简要明了的企业介绍,以及前沿技术、企业风采、专利技术介绍,如图5-2第一张图片所示。第二张图显示:展厅的核心位置是大屏幕,展示企业数字化平台,平台展现的内容可以分为客人参观界面和企业内部运营界面,根据不同的场景切换界面。大屏幕和操作台前需要留出一定空间,便于客人驻足观看和听讲解。第三张图展示的是实物产品,以及产品、技术等的宣传片的投屏。

洗手间是最容易被企业忽视的"场",但这往往是客户以小见大的"场"。重视品质,雇用专人进行日常维护,将会起到意想不到的效果。

车间参观:生产车间是客户建立信任最重要的"场",所以往往是客户关注的重点,也是企业向客户展现企业实力、与客户建立信任的抓手。以定制板卡为例:客人参观生产车间,一般需要穿上防静电服、帽子和鞋套;车间入口应张贴"禁止拍照"字样,提醒客人;如生产车间有特殊要求,应通过吹风、除尘和除静电通道,确保车间洁净和作业安全;同时,安排专门人员引导客户按照参观路线参观,并安排专业讲解。

第五章 价值销售与销售实战技巧

图5-2 某公司展厅场景

首次会谈

首次会谈的前一天，再一次与客户确认次日见面事项及到达时间，并通知本公司与会人员。

首次会谈中有3件事情需要重点关注，这是客户对企业品牌产生信任的关键：第一是项目总负责人讲解解决方案及案例时，一定要从电脑案例文档的很多视频（ST公司要求项目经理每做一个项目，都必须拍照片和录视频）中选出1个打开，让客户感觉到公司所做项目的真实性。第二是合作方式的商定。客户定制板卡需进行产品研发，产生的研发费由客户承担。洽谈时双方商定，当客户的采购达到一定量时，客户提供的研发费可以冲抵货款。同时，客户量产后一次采购量达到一定数量，单价还可以有一定比例的折扣优惠。这样做可以帮助客户降低风险，提高其成本竞争力，也可实现与客户的长期合作。第三是会谈后的参观。销售人员带领客户参观公司及板卡的测试车间（板卡的生产委托代工、测试由ST公司把关）。测试对板卡来说很重要，是产品质量的重要保障。客户参观时，ST公司正在对某世界500强企业生产的安卓远程控制主板进行测试，用给大企业提供产品作为背书，也会提升客户对公司的信任度。

需求挖掘

首次会谈完毕后，销售人员DZ召集组建了两个微信交流群，即企业内部交流群和企业-客户产品研发微信交流群。企业-客户产品研发微信交流群里要加入ST公司项目总监、技术总监与客户相关人员。项目总监组织技术人员和DZ一起进行需求分析，快速拿出初步方案。技术总监将初步方案发布到企业-客户产品研发交流群，与客户交流讨论。在交流讨论的过程中，客户提出问题，技术人员及时给予回应。如果需要线上会议或线下见面交流，销售人员DZ就及时协调安排。双方确定最终方案后，评估出首批客户采购的产品单价，便于客户在同质下进行比价，并最终做出选择。

商务会谈

C公司认可ST公司及其制定的最终方案后，就进入了商务会谈流程。商务会谈成功的关键是签署《技术开发及生产合同》。

《技术开发及生产合同》起草时，需要关注以下几点：第一，在保证质量的情况下，明确研发周期和生产周期，便于客户排产和出货；第二，研发保证金：这不是让客户提供研发费，在达到批量生产后，客户可以用研发保证金来抵货款。研发保证金主要是为了覆盖样品成本，电路设计和软件开发的人工费不包含在内，降低客户的合作门槛，建立信任；第三，在售后服务上，一般电子产品承诺1年质保，ST公司在合同中承诺3年质保，这也体现了对自己产品的信心；第四，付款方式上，签署合同后5天内C公司支付60%的货款，生产完毕交付前3天付35%的货款，1年后付5%的质保金；第五，合同中签署保密条款。

货：《技术开发及生产合同》在"货"的方面主要是要消除客户疑虑、建立信任、降低双方风险、降低采购成本，进而使得客户在市场上形成有竞争力的价格优势。

产品研发与交付

签署《技术开发及生产合同》和办理研发保证金之后，ST公司启动产品研发工作。研发部提供产品研发项目计划表，便于客户了解产品的整个研发进度。同时，确保产品研发按时、按质完成。

产品研发成功后，需要把样品提供给客户进行测试，测试合格之后客户下单，签署《产品生产合同》。ST公司根据客户下单数量，预估生产不合格率及现场使用损坏率，采购原材料并向贴片厂下单。同时，采购人员及时向长期合作的元器件商家采购元器件，确保按时、按质、按量完成生产任务，将板卡交付给客户。在这个过程中，DZ跟进项目进展，做好双方信息反馈，保证合作顺利达成。

n次订货与战略合作

2019年11月，ST公司顺利完成首批产品并交付给客户。2020年春节期间，C公司仓库失火，造成很大损失，ST公司提供的产品也损毁了2/3。春节后C公司紧急向ST公司下单，但当时进口芯片缺货，芯片价格每天都在变化。ST公司与客户签署的《技术开发及生产合同》中约定：如遇行业性突发元器件成本暴增，双方友好协商。基于此，ST公司和客户协商提价事宜。但考虑到客户火灾损失，ST公司没有提价，仍然按照首次单价供货，虽有损失，但也赢得了客户进一步的信任。第三次供货时，由于芯片整体价格继续上涨，ST公司提出了改用国产芯片的方案，在保证质量和稳定性的情况下有效降低产品成本，再次获得客户的认可。之后，ST公司与客户又达成了深度战略合作，先后进行了平台开发、联合研发等工作。长期合作关系的建立可归因于客户在一次次与ST公司的"人、货、场"的接触中，对ST公司建立起了深度信任。

品牌之信任模型："人、货、场"的总结

品牌之信任模型中的"人、货、场"是一体三面，相互映衬又互相佐

证，帮助企业与客户沟通，传递品牌价值，塑造值得信任的品牌形象。专精特新企业在成长过程中既要专注研发抓生产，又要加强销售提业绩，还要塑造品牌占市场，"人、货、场"信任模型能够将"既要、又要、还要"目标串联起来，同时也是这3个目标实现的手段。在实践中，专精特新企业要落实应用该模型，企业全员要围绕"人、货、场"建立责任意识，通过内部价值传导赢得客户信任，满足客户价值需要。

最后，我想说的是：销售要给客户提供足够值得信任的服务！这就是创立专精特新企业品牌之根本。

作者简介：

丁永明，拥有25年企业管理实践经验，曾在富士康、TCL、国虹通讯任职。现任天津市实通网络科技股份有限公司副总经理兼项目总负责人，全程负责智慧工厂、自动化立体仓库、智慧暖通、智能运维等10多个项目从洽谈到实施落地的全流程管理工作。擅长营销策划、流程管理、精益生产、智能制造，并对富士康的经营管理体系（"工管、品管、生管、经管"四大管制系统和"每年修满规定学分制、提案改善制度"两大制度）有深入研究。

如何用场景法创造销售优势

在销售领域有一个很奇怪的现象，你可以找出100个以上的提问技巧，但是产品介绍的技巧，你可能连3个都找不到。更确切地说，常用的产品介绍技巧只有2个，一个是FABE（特征、优点、利益、证据）销售法，即利益推销法，另一个则是鲜为人知的场景法。FABE销售法比较适合介绍"硬"产品，也就是那种看得见、摸得着的东西，比如设备、手机、汽车等；而场景法比较适合复杂的、客户不容易理解的"软"产品，比如咨询方案、云服务、复杂系统、建筑设计等。

"场景"这个词来源于戏剧和电影，这几年流行于互联网行业。互联网时代也号称场景时代。简单的打车场景成就了滴滴，常见的吃饭场景成就了美团，逛街的场景则成就了万亿级的阿里巴巴。销售领域也会用场景作为产品或者方案的介绍方法。需要说明的是，这里说的场景不是指销售人员的销售场景，而是指客户的工作场景。比如客户月底结账、工厂赶订单、公司开会、病人护理、学生上课等都是场景，是客户的工作任务。

客户的场景中可能存在很多问题，比如结账出错率高、赶订单造成成本提升、开会没效率、护理工作量大等，而产品或者方案存在的意义就是解决这些问题，从而将客户的场景进一步优化，让客户更好地完成任务。

举以下案例进行场景优化的说明。

●月底盘点库存的时候（事件），库管员（角色）只需要拿扫码机对着条码扫描一下（行动），几分钟就可以盘清库存，大大节省了时间（价值）。

● 新品推出要开发布会的时候（事件），记者（角色）可以根据我们提前设计好的爆点和范文撰写文章（行动），一周之内就可以增加500万次左右的阅读量（价值）。

● 考试完毕需要复盘的时候（事件），学生（角色）只需要按一下菜单里的复盘项，就可以把错题存入常见错题库（行动），便于之后复习、提高成绩（价值）。

分析上面的案例不难看出，销售领域表现场景的方法一般包含4个要素：事件、角色、行动和价值，这就是使用传统场景时常见的方式。"事件"表示某些事情的发生，也就是开启场景的时候；"角色"表示场景里触发行动的人，有时触发行动的不是人而是系统；"行动"表示能够采取的相应措施，也就是解决方案；"价值"是采用新措施后带来的好处。

传统的场景法其实是一种产品介绍的话术，它的目的是打动场景里的角色，因为这个角色会参与采购。场景表现法的一个很大的好处是把产品和方案放到客户熟悉的业务里面，画面感特别强，可以让客户较容易地理解一些复杂的产品或者方案。

听起来，产品方案和场景具有天然的相融性。用场景表现问题、措施、价值，似乎再合适不过了，产品融合在场景里，就像道具融合在电影里，自然而舒适，客户很容易通过对场景的描述理解产品方案带来的价值。

不过，实际情况并非如此。

场景法的运用在销售领域有20多年的历史了，但远不像FABE销售法那样被广泛使用。看似有很强表现力的场景法，为什么干不过干巴巴的FABE销售法？

究其原因就一句话：场景法设计的结构不合理，只不过是把FABE销售法换成一个更别扭的说法而已。哪里不合理呢？我们通过一个案例来分析。

我曾辅导一家办公家具公司做场景库设计，在辅导过程中，大家讨论了一个客户工作场景，即员工在工位上办公。这是一个非常常见的场景，销售人员对这个场景也非常熟悉，在很短的时间里就分析出了工位办公常见的问题，比如布线乱、空间小、容易受到隔壁工位影响等，一会儿工夫就想出了十几个。事情似乎大功告成了，接下来只要再说明如何处理这些问题就可以了。

但看完讨论结果之后，我问了大家第一个问题："你们想出的这些客户需求，有没有对手不知道的？"大家纷纷表示："这些对手也都知道，都是'老中医'，都清楚怎么'开药'。"我接着问："如果这些需求你们知道，对手知道，客户也知道，你们对客户谈这些还有多大意义？"现场沉默了一会，有学员问道："不说这些，又能说什么呢？"我接着问道："企业为什么要给员工配置工位？"这个问题把大家问笑了，好像它应该是不言自明的，但是笑了一会之后，大家又沉默了：做了这么多年办公家具，却从来没有问过自己这个最基本的问题。经过激烈的讨论后，大家得出一个看似匪夷所思又合情合理的结论：对于很多企业来说，工位存在的一个重要原因是老板希望员工多加班（当然可能还有别的目的）。

现在北上广深很多企业都以年轻人为主，他们买不起房，租的房子环境比较差，如果企业的环境、工位的设计比家里好，他们宁可在办公室里待着。所以，好的工位配置是年轻人愿意加班的一个重要原因。

第五章　价值销售与销售实战技巧

接下来，我问了第三个问题："要创造什么样的条件，才能让员工愿意加班？这里说的不是措施和方案，而是加班所需要的条件。"大家很快就有了答案，比如办公椅增加可以躺平睡觉的功能、工位隔音好一些、储物空间大一些。但请注意，大家说的这些条件不是对从前问题的解决，而是实现目标（多加班）必须具备的条件。

我问了最后一个问题："如果要产生这种家的感觉，我们的方案应该怎么设计和呈现？"

接下来，我们重新构建了工位场景。首先，我们赋予了场景一个新的目标，而不是解决原来的问题；其次，针对新目标，我们设置了实现的条件；再次，利用我们的产品和方案给客户创造一种新的体验；最后，利用这种新体验实现目标。这样重新构造的场景，极大地提升了销售人员的说服力。

以上步骤其实就是新场景法的设计步骤。我们将新的场景法叫作目标场景法，为了便于比较，把旧的场景法叫作问题场景法。接下来做一个详细的介绍。

1.目标

目标在场景里的作用就是制造落差。客户的现状存在很多问题，但客户已经在这个场景里沉浸了很多年，感觉不出有什么不好了，我们必须把客户从旧的场景里拉出来。只有客户愿意改变，销售才有生意。

我们重新帮助客户设立一个场景目标。新目标与现状之间就会形成落差，这种落差的大小决定了客户是否愿意采取行动、做出改变。

在销售人员的能力范围内,这种落差越大越好。大家可能会觉得销售人员无法帮助客户实现大目标,但其实很多时候,大目标并不需要比小目标付出更多,关键是怎样思考。很多时候不是成本问题,而是思考角度的问题。这个角度就是我们说的"以客户为中心"。

为什么重新设立目标如此重要?有几个原因:

一是目标就是说服力:目标背后其实藏着一个决策人,这个决策人就是你要说服的人,比如,你要说服的是老板,场景目标就要往战略上靠;你要说服的是校长,场景目标就要往升学率提升上靠。用更高的目标说服决策人。

二是目标就是竞争力:如果你的目标优于对手,你其实就已经占据了制高点。想想上述企业工位的案例,如果你的对手还着眼于工位布线乱,两者孰优孰劣?当对手还处在解决问题的层次时,他的目标就不可能太高,因为解决了问题只是实现了客户原有的目标,而你设立的目标高于客户原有的目标,这时客户会支持谁?

三是目标就是衡量标准:在上述工位的案例中,办公家具公司一开始给客户提供的价值无非就是布线整齐、空间宽绰等,这些事每家家具公司都做得到。但是如果客户用"加班"这个标准来衡量价值,这家家具公司就处于领先地位了。所以,目标的另一个作用是促使客户重新树立衡量标准,目标本身就是标准。标准不仅有高低之分,还可能有根本性的不同,这种不同构建了销售优势。换言之,你能不能设立不同的目标,决定了你能不能建立优势。

四是重新设立目标本质就是激发销售人员的创新思维:现在的销售,

尤其是大单子、大客户销售，不再是拼关系、比产品，而是比洞见，也就是前瞻性的需求理解。

场景里加入"目标"这个因素，就是利用愿景的拉动力获得优势，当客户被目标所激励的时候，你的销售就成功了。

产品方案涉及的每个客户场景，都值得被重塑一遍，至少值得被重新思考一遍。

2.条件

有了目标，接下来当然要设置实现目标所需要的条件。所谓条件，就是实现目标必须要干的事情，比如要想让员工多加班，条件就是工位便于休息，空间可以营造出一些家的气氛等。

这里有个问题：这里说的条件，是实现目标的必要条件还是充分条件？

场景里要列出的条件，既不是必要条件也不是充分条件，而是指从必要条件到充分条件的这段空间。所谓必要条件，就是指这个场景里需要融入你的产品；所谓充分条件，是指直接"交钥匙"[1]。比如，培训是提升销售能力的必要条件，但是要想真正把培训转化为绩效，还需要让销售反复练习、掌握工具，对他们进行销售辅导等一系列的工作。

首先，这些条件里必须有产品支撑；其次，尽量做一些产品之外的

---

[1] 即方案完全由销售方完成，在客户不参与的情况下，销售方将方案完整地交付给客户。

事情。

可能总有一些产品之外的事情是销售人员做不了的，销售人员未必总是能"交钥匙"。但我在此处鼓励你多做产品之外的事情，也就是向充分条件趋近。你越趋近，帮客户做的事情越多，你的竞争力就越强。这也是解决方案思想的逻辑。

另一方面，这也是和竞争对手的比较。你加入的条件是只有你能完成，还是对手也能做？这就产生了区别。你可以在条件里设下"埋伏"，创造优势。当然，这时可能还要用到企业其他方面的能力，而不仅仅是产品能力。

那么，如果你做不了产品之外的事情，还要设立高的目标吗？当然需要，你至少帮助客户看到了更重要的事情，这本身也是一种价值。做不了的事情让客户去做就是了。所以很多时候，高目标并不必然带来对解决问题的能力的要求。

3.角色

改造后的场景中有两个角色，第一个是目标角色，也就是销售人员要说服的角色。比如在上述工位的案例里，这个角色是老板、行政等，销售人员设立的目标当然是他们关注的。第二个则是使用方案的人，即使用角色。

这就解决了老的场景表现法经常遇到的一个问题：你只能说服使用这个方案的人。比如，库存盘点的场景就是在说服库管员，月底结账的场景就是在说服会计。销售人员通过描述新场景，提升库管员或者会计的体验感，利用体验感说服他们。但这就带来了一个问题：你只能利用场景说服场景里的人，可是这些人可能根本不参与采购决策。更麻烦的是，参与采购决策的人根本不在乎这些人体验感的好坏，就像你的老板可能不会在乎你是否辛苦一样。因此，销售人员用老的场景表现法可能无法说服真正做决策的人。

在目标场景法里就完全不一样了，首先，销售人员准备说服谁，就为谁设立目标。其次，销售人员可以利用使用角色创造条件，从而达到目标角色要实现的目标。这样，场景法的适用性就会极大增强。

比如在工位案例里，员工是使用角色，他渴望的是工位舒服、空间大、适合睡觉、有家的氛围等，但是老板或行政关注的是加班时长，员工的体验感不是他们关注的核心。然而通过改善员工对新场景的体验感，老板或行政也实现了希望实现的目标。目标场景法创造了两者之间的连接。

在目标场景法中，我们把角色分开，用目标说服决策人，用体验感说服使用人，利用场景创造的体验感是为了实现目标。

4.行为

所谓行为，就是使用该产品的人会如何运用销售人员提供的方案。用行为描述方案，最大的好处就是容易理解。把方案放到使用人天天经历的场景里，客户就很容易想象出新场景的样子。

这里的行为描述和问题场景也有区别，它是在描述如何满足条件、实现目标，而不仅仅是描述如何完成任务。在新的场景里，老的任务已经被升级了，要解决的问题也就不一样了。

5.体验

使用角色做出行为以后,我们还要增加使用角色在使用方案后的体验描述。

与B2C企业时刻关注客户的体验不同,在B2B企业销售中,很少有关注个人感受的技巧和方法,大家都默认为大单决策是纯理性的。但实际情况是,再大的单子都是感性和理性相结合的,无论to B还是to C,做决策的都是人。感性决策不可避免。

而给使用角色一个好的体验描述,对目标角色来说,就是实现目标的证明。当员工在工位中找到家的感觉的时候,就是他们愿意加班的时候。

另外,利用场景形成的感性最容易打动的就是使用购买影响者(UB),而方案使用者往往是UB(不一定都是)。在上述工位案例中,使用工位的员工对采购也有参与权(实际采购中,客户都会征求自己员工的意见),如果我们在工位设计方面瞄准的是让员工舒服愉悦,他们就会投票支持我们。

场景表现法的作用之一,就是通过描述场景,给客户创造一种体验,让客户形成冲动决策。

接下来分析一个完整的案例:

一家做互联网教育(K12)的公司,他们的产品和方案会介入很多客户工作场景,比如上课、培优、心理辅导、自习、招生、新教师培训等,每个场景还可以细分为更多的小场景。

现在我们以自习场景为例,对比一下问题场景法和目标场景法有什么不同。

问题场景法描述和目标场景法描述

按照问题场景法来描述，我们会这样说：

学生上晚自习的时候，经常出现的问题是答疑找不到老师，一些同学聊天睡觉、不认真学习，以及不知道自己该学什么。如果你是学生，使用我们的产品，自习开始后，如果遇到问题，不用问老师，只需要在我们的平台上输入问题，答案就会自动出来，非常方便。同时，学生只要使用平台，后台就会记录时间和浏览内容，这样老师就可以监控学生是否认真学习。再有，该平台针对每个年级都有50门以上的课程，学生只需要点开就可以随时学习，这就解决了不知道该学什么的问题。

但在实际工作中，我们常常收到一些反对意见。比如，"我们让学生上我们自己的课就行，不需要外部资源"，"自习课我们老师会布置作业，更有针对性"。

现在，我们用目标场景法，重新规划一下自习场景：

李校长（角色），作为校长您是否想过一个问题：为什么要让学生上自习？

仅仅是为了让学生查遗补漏？或者是让老师歇歇？

在我们看来，自习的意义远不止如此。自习的真正目的是培养学生的自主学习能力，因为自主学习能力是学生成绩提升最有力的保障。所有好学生都有一个共同特点，就是自主学习能力强。所以，培养学生的自主学习能力是提升成绩最好的方法（目标）。

怎样才能养成自主学习的习惯？需要创造环境，让学生"会"自主学习，"能"自主学习，"不得不"自主学习，并且能够"坚持"自主学习。做到这4条（条件），自主学习的能力就很容易打造出来。

怎样才能做到这些呢？

首先是"会"自主学习。如果学生在上晚自习的时候打开线上学习系统，就可以通过点击自测功能，找到自己知识点的弱项；系统根据自测结果自动生成学习计划，学生点击按钮就能修正学习计划（行为），之后还可以按照学习计划自主安排自习时间，保证了学生"会"自主学习。学习计划是学生自己参与设计的，所以他也会愿意执行（体验）。

其次是"能"自主学习。当学生实施学习计划的时候，线上资料库将相关课程、作业、练习、答疑等，自动按照学习计划推送给学生，配合学生落实学习计划。这就保证了学生"能"自主学习。随手就能找到资料，点击就能学习，学习的难度就会大大降低，这也会激发学生的兴趣（体验）。

再次，平台会将学习计划同步上传给老师，并且在学习小组里同步展示给所有人（行为），这就形成了一个外部压力和自我承诺并存的氛围，于是产生了"不得不学"的压力（体验）。

最后，通过线上测试板块，学生可以不断衡量学习情况。明确的衡量标准既是对学生学习的持续改善，也是一种激励（体验）。"坚持"自主

第五章 价值销售与销售实战技巧

学习的动力来源于不断的正反馈。

通过对这4项能力的打造，自主学习的目标就比较容易实现。当然，这只是我们从前的一些经验，还要看领导的想法。

其实这两种方式，销售人员提供的方案都是一样的，但是不同的描述在校长看来完全不同。这就是目标场景法的威力。

总结一下，目标场景法是利用目标说服经济购买影响者（EB），利用条件区隔对手，利用方案创造体验；同时利用体验说服UB，利用UB说服EB。这就是目标体验法的整体逻辑。

互联网有句话：每个行业都值得被互联网重新改造一遍。同样的道理，每个与你的产品方案相关的客户业务场景，都值得被重新设计一遍。设计当然不容易，比如上述自习场景和工位场景，都需要企业非常深入地思考，给出前瞻性的想法，提出不一样的构想。但正是因为这种"不容易"，企业才真正有了竞争力。

永远要记住，销售不是为了满足客户需求，而是为了和客户一起实现目标。这就是目标场景法的思想基础。

> 作者简介：
> 崔建中，顾问式销售的实战派资深专家，资深培训师，从事管理软件营销和管理信息化咨询工作17年。

影响大客户销售成功的三大力量

大客户采购往往由于成交金额比较大，造成采购周期比较长、参与角色比较多，客户需要通过较复杂的采购招标流程来实现设备或系统的采购。其目的是控制采购风险，找到价值和价格更加匹配的供应商。一家企业如何在众多供应商竞争的过程中脱颖而出，天时、地利、人和3个要素缺一不可。天时指的是切入的时机和切入点，天时决定着我们获取情报的机会和能力。地利指的是能根据客户需求构建有优势的产品或解决方案，并得到客户关键决策人的认同。这里说的优势，一定是客户的主观认知，不一定是真相，但客户的主观认知一定是以客观真相为基础的。人和就是基本实现大客户"基层有线人，中层有教练，高层有支持"。基层的线人帮助我们构建有一定深度的、动态的实时情报体系；中层的教练为我们出谋划策、引荐高层，并协助我们深入了解行业标准，包括招标文件和资质审查规则的基本要求，以提升我们的竞争力；所谓的高层支持，是指我方的实力、产品或解决方案的优势已经入了大客户高层的法眼，能够满足对方组织的需求，成为高层的备选厂家之一。

那么，如何影响采购组织里面的相关人员？如何激发对方帮助我们的动力？如何取得对方对我们排他性的支持？我们认为，驱动客户有三大力量，第一大力量叫实力驱动，第二大力量是人情关系的驱动，第三大力量就是价值驱动（见图5-3）。我们通过对大客户销售大量成功与失败的案例分析发现，一个成功的大客户销售人员最重要的任务，是创造与关键客户沟通的机会，并成功地通过三大驱动力量影响采购组织内部不同层面和

第五章 价值销售与销售实战技巧

不同业务模块的关键客户。

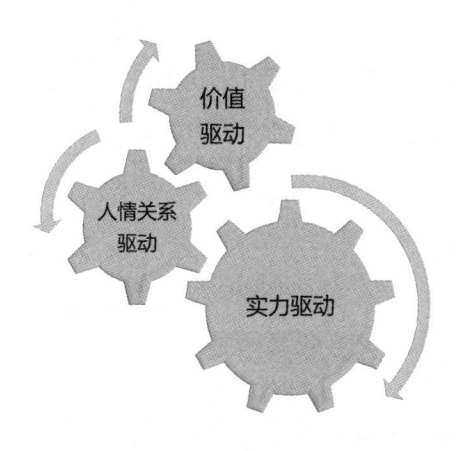

图5-3 三大驱动力量

三大驱动力量背后的本质是满足客户不同层面的需求。

实力驱动就是销售人员通过企业实力展示，如通过参观工厂、考察样板客户、行业展会、企业宣传、客户口碑等，让关键客户亲自了解企业的规模、技术研发实力、生产能力、企业文化和荣誉、政府领导人权威人士和重要客户的评价，说白了就是满足关键客户避险和安全的需求——"我们企业是有结果的企业，我们的实力请您放心"。实力展示会循序渐进，比如刚开始拜访客户，销售人员更多的是借助企业宣传册、资质文件、电子版业绩案例展示工具来向客户说明实力和对比实力。客户听了后将信将疑，或许会产生一定的兴趣。后续在人情商务公关的助攻下，销售人员有机会成功邀请客户来企业参观考察，了解样板案例。理想状态下，企业能够邀请决策小组的关键人一起来参观，如果不能全部邀请来，最少要邀请到采购小组中的采购负责人和技术负责人。所以，实力驱动就是通过有效的、恰到好处的实力展示特别是主场实力的体验来征服客户关键人，以建立客户对组织的信任。

人情关系驱动是指销售人员通过拜访客户、商务宴请、赠送礼品、健康关怀、帮助解决问题等一系列差异化的人情商务活动，持续创造与关键客户沟通的机会，为自己争取更多实力展示和价值营销的机会。所以，人情关系驱动主要是通过对关键客户个人需求的了解，创造机会"对他好"。中国式人情最讲究礼尚往来，你多次"对他好"，客户也要想办法回报你，自然就会给我方更多的情报、更多有价值的指导，甚至帮我方引荐关键人，在关键人面前或关键场合为我方说有利的话。中国老话说得好，见面三分情，有时，一次愉快的拜访也会给客户留下深刻的印象，特别是一次有建设性的拜访（为客户提前准备一些有价值的方案，或有惊喜感而又不太贵重的礼品），往往会对销售进展的推动起到事半功倍的效果。总而言之，人情关系驱动就是满足关键客户的个人需求。

价值驱动是指通过技术交流，对客户的组织需求进行挖掘和引导，特别是对客户的历史问题、存在的痛点做出准确把握，有针对性地提供一套有效的产品或解决方案，并通过上下层面的交流达成共识，特别是得到客户关键人的一致认同，进而增加我们影响客户采购技术标准和招标文件的机会。价值驱动的原点在于客户的组织需求，特别是决策者的关键需求。所以，搞清客户不同层面需求的排序和需求的冲突，往往是我们赢得最高决策者支持的关键。价值驱动"四点合一"的黄金法则，是指找到关键对手的弱点，找到客户关键人的痛点，呈现我方产品或方案的亮点，激发决策者的兴奋点。我们不见得每次大客户合作都能找到对手的弱点，但是必

第五章 价值销售与销售实战技巧

须找到关键客户的问题、顾虑或痛点，针对关键客户的问题、顾虑或痛点"对症下药"，这才是价值驱动的通道。价值驱动是满足关键客户的组织需求。

三大驱动力量相辅相成。人情关系驱动赢取客户对销售人员的兴趣，从而为我方赢得更多的机会；实力驱动建立客户对企业的信任；价值驱动赢得客户对我方产品或解决方案的认同。一句话，既然人不错、企业不错，产品方案也不错，那客户不支持你支持谁？有销售人员问，针对这三大驱动，该做的我都做了，为什么客户还是不支持我？在利用三大驱动的商务和技术活动过程中，我们应多获取客户对我方的真实反馈。很多销售人员往往主观感觉好到"爆棚"，但将主观当客观，错误地判断了关键客户对我方的态度倾向和真实立场。

针对不同层级、不同业务模块的客户，三大驱动需要的用力可能不一样。比如：比较感性的基层客户多用人情关系驱动，而对十分理性的高层客户，主要以实力驱动和价值驱动为主；对比较谨慎和保守的采购板块客户，多以实力驱动为主，人情关系驱动为辅；针对那些技术部门比较理性的负责人，以实力驱动和价值驱动为主，而针对那些技术部门比较感性的负责人，以人情关系驱动和价值驱动为主。所以，分析客户的特点和需求，有针对性地开展商务和技术活动，是赢得最终合作的关键。

接下来分享一个案例。大家通过阅读和分析以下案例，回答这几个问题：销售经理刘××从项目前期到投标拿下项目，共计创造了多少次机会？每次机会的活动分别采用了哪类驱动去影响关键客户，并达到了什么样的销售效果？

案例：客场搞定高层

项目结果

2016年，某电力公司有一个调度大楼电力配调一体化项目，预算大约1700万元。本地企业A公司销售经理张××志在必得。公司组建了一个4人项目小组，住在距离电力公司很近的一家宾馆里，帮客户做前期技术方案，与电力公司配网调通中心和信息处理部的人关系处得非常好。A公司项目小组所有人都认为这个订单十拿九稳，但是9月的投标中，该项目出乎意料地由B公司中标。

过程回顾

后来经了解，中标方的销售经理是一个其貌不扬的女子，名叫刘××。

刘××去年被公司从北方调派到电力公司所在地。当时，她初到该地，谁也不认识，就经常拜访电力公司的每一个相关部门。2016年3月，当拜访到主管副总时，她发现要拜访的李副总不在。到办公室一问，办公室的人告诉她该副总出差了。她通过办公室里一个年轻女员工得知对方恰好去了B公司总部所在地，而且了解到对方特别喜欢听古典音乐。她马上给李副总打电话，盛情邀请他去B公司指导工作，并得知他有半天空余时间和他所住的宾馆。她马上给那家宾馆打电话说：我有一个非常重要的客户住在你的宾馆里，能不能帮我订一个果篮和一束鲜花送到他的房间里。她又打了一个电话给B公司营销总经理，说这个副总非常重要，趁他出差，无论如何要请他到公司参观考察。

刘××马上订了机票，中断了拜访行程，赶最早的一班飞机飞回B公司，下飞机后直接去宾馆找了李副总。她到宾馆时，发现自己公司的老总正在和李副总喝咖啡。在聊天中确认李副总有半天的休息时间后，老总就请他到公司参观，并让他考察了B公司某配网调度大楼项目。李副总对B公司和样板工程的印象非常好，参观后大家还一起吃了晚饭。吃完晚饭，刘××请李副总看了一场贝多芬交响乐作品音乐会，对方非常开心。

第二天，她又将李副总送到机场，在快到机场时对他说："李总，一周后我们能否到您那儿做一次技术交流？"李副总很痛快地答应了这个请求。一周之后，B公司的技术总工带队到电力公司，李副总很给面子，亲自将所有相关部门的有关人员请来，一起做了技术交流。在交流的过程中，相关部门人员都感到了主管副总的倾向性，所以这个订单很容易就被B公司拿下来了。当然，刘××后来又去了电力公司3次，分别与配网调通中心、信息处和物资部的主管领导做了交流。B公司终于在9月的投标中中标，合同金额达到1580万元。

A公司的张××听说B公司刘××的经历后说：B公司真的很幸运，刚好李副总去B公司所在地开会。

其实其他人哪里知道，刘××做业务多年，养成了一个习惯：她专门积累了一本客户手册，把很多重要客户的资料和部分行程记在上面，包括重要客户的名字、认识时间、重要活动的时间，客户的重要交代，还包括他们的性格特点，生日，爱好，老家，毕业的大学、班级、班主任姓名、电话，甚至包括客户爱吃的饭店和菜品，还包括部分竞争对手的销售人员姓名、电话、住址等。

案例分析

我们可以通过表5-3分析刘××的行动对应的驱动类型，以及取得的效果。

表5-3 刘××创造机会与活动的价值分析

创造的机会	活动	驱动类型	取得的效果
1	向办公室女员工打听	人情关系驱动	获取关键人行踪和喜好信息
2	给李副总打电话	人情关系驱动	了解关键人行程和酒店
3	给房间送鲜花和水果	人情关系驱动	给关键人送关怀和温暖
4	B公司老总来酒店接待	人情关系驱动	高层互动，建立信任
5	参观公司	实力驱动和人情关系驱动	建立关键人对公司的信任
6	参观样板工程	实力驱动和价值驱动	建立关键人对公司的信任
7	商务宴请	人情关系驱动	增进沟通
8	听音乐会	人情关系驱动	赢得好感
9	送李副总去机场	人情关系驱动	赢得一周后做技术交流的机会
10	技术总工带队做技术交流	实力驱动和价值驱动	实力展示，需求确认，方案展示
11	拜访配网调通中心	价值驱动和人情关系驱动	取得对方支持
12	拜访信息处	价值驱动和人情关系驱动	取得对方支持
13	拜访物资部的主管领导	实力驱动和人情关系驱动	取得对方支持

作者简介：

汪奎，工业B2B实战销售培训讲师，西南交通大学电力系统及自动化专业硕士，美国国际职业资格认证委员会（ICQAC）认证的国际职业销售培训师，国家职业高级企业培训师。2016年度中国优秀营销培训视频评选冠军。拥有18年营销实战经验和营销管理经验，10年工业品营销培训与咨询经历。

销售就是一条流水线

流程管理是一种系统性的管理体系

国际标准化组织（ISO）9001:2000质量管理体系标准给出的定义是："流程是一组将输入转化为输出的相互关联或相互作用的活动。"早在泰勒的科学管理理论和福特的流水线生产实践中，流程管理思想就已经出现了。在流程管理的初期，主要解决的是企业内部较低层次的、车间操作方面的流程问题。

流程管理就是通过一系列的管理制度和措施，确保流程的各个环节都符合管理要求。流程管理是一套以流程为核心的管理体系，主要包括流程管理制度、资源整合与协调，流程执行、监控、优化等。在现代企业管理中，流程管理可以极大影响企业的业务和绩效，因此，它被看作与战略管理体系同等重要的管理体系。

流程的管理者要从战略的高度，以全局的视角和发展的眼光建立符合战略、管理和业务发展要求的流程管理体系，以流程为核心，对企业各条业务线进行梳理、整合和优化，推动跨部门的资源协作和业务开展。流程管理者还需要不断跟进和监控流程的执行过程，发现和分析流程中存在的问题，以流程优化反向推动企业管理架构、资源配置和业务开展过程的优化。

销售流程管理的价值

流程管理是企业最基础的管理行为，它影响着企业内外的各项事务。

所以，科学的流程管理体系能对企业的工作以及业务运转起到至关重要的作用。流程管理对销售工作有四大价值：

1.以终为始。销售人员的最终目标就是签订合同、拿到货款。在销售过程中，所有的工作推进必须要对目标实现有帮助，否则就是"无用功"。

2.有序协作。专精特新企业的产品往往有专业化、特色化、技术含量高、有创新等特点，但在销售过程中，销售人员不一定能完全把握产品的主要特点。势必要在企业内部形成相互连通的业务协作网，销售人员才能顺利完成销售工作。

3.提效降耗。流程管理能对销售过程进行有效梳理和监督，减少因为内部管理混乱带来的反复沟通、重复执行、决策失误、产出低劣、增加内耗等问题，从而提升销售管理效率、降低消耗。

4.实现价值。产品不再只是被购买并使用的工具，品牌与营销也上升到了新的高度。产品销售已经逐渐从产品导向转变为价值导向。以客户为中心，为客户创造更优的价值，已经成为工业品销售的主流趋势。销售流程涉及诸多部门、岗位，在实现客户价值的同时，这些部门、岗位的价值也有实现的可能，它还为员工个人价值的实现提供了表达空间。

销售全过程的流程管理设计

不论是大企业还是中小企业，其销售工作的全过程一般都会分为售前、售中和售后3个阶段。这3个阶段是逻辑统一、互相依赖、相辅相成的，必须按照一定的逻辑顺序把各项工作做好。弱化其中任何一项，销售工作都不会完全成功，或者存在潜在风险。

销售流程3个阶段的工作内容、成功的表现以及难点，见表5-4。

表5-4 销售流程阶段

阶段	工作内容	成功的表现	难点
售前阶段	通过各种方式获取销售线索，对线索进行甄别与转化	销售线索转化为潜在订单	线索转化率低
售中阶段	通过技术对接、商务活动等，确认客户的真实需求，将产品、技术转化为可以实现的销售方案。再通过技术交底、商务谈判等手段，促进销售方案转化为销售订单，并实现订单签订	成功签订订单	对销售工具、方法、技巧的要求比较高
售后阶段	履约、维护及拓客	顺利履约，及时解决客户问题	对客户关键关系人的关系维护

一般来说，我们根据企业价值链设计企业流程体系（见图5-4），销售流程也不例外。

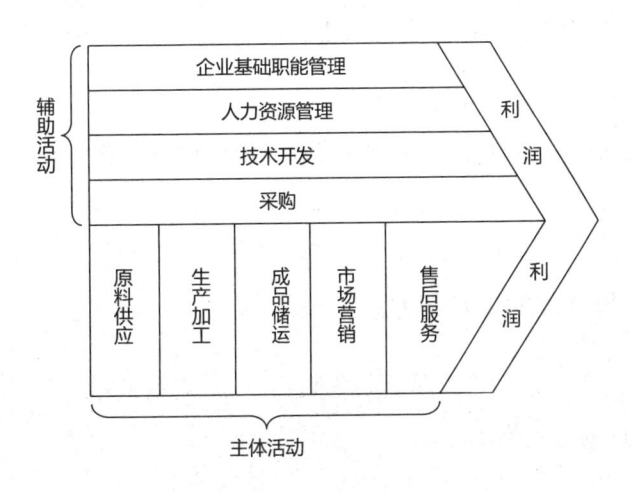

图5-4 企业价值链示意

销售的全过程，就是从销售线索到回款的全流程，在企业价值链中，包含在市场营销与售后服务两个主体活动中。我们仍然按照前述3个阶段进行划分。受篇幅限制，这里仅列出销售流程框架（见表5-5）。

表5-5 销售流程框架

阶段	一级流程	二级流程（部分）
售前阶段	销售线索管理	商机线索报备
		线索确认
	需求立项	（此处略）
售中阶段	客户关系培育	（此处略）
	技术交流/产品试用	（此处略）
	商务公关与谈判	（此处略）
	签订合同	（此处略）
售后阶段	合同履约	（此处略）
	开票回款	（此处略）
	客户关系维护与跟踪	客户回访
		投诉处理
		退换货
		重大质量事故处理

除了流程框架，还要将流程细化，从而形成详细的流程图（或称为流程指南）。此外还需要有流程管理办法，以便对流程的组织机构和职责、业务流程设计、审批发布、运行与监督、流程优化等进行统一归口管理。这里不再详述。

辅助销售流程的工具与方法

在销售流程中，销售人员至少需要以下4个方面的销售工具。

1.客户档案

客户档案既是客户管理工具，也是有效的销售分析工具。

客户档案信息收集和跟进管理是一项非常繁杂的工作，需要一个客户管理软件来协助销售人员进行数据整理、清洗、归纳与分析，确保客户

第五章 价值销售与销售实战技巧

档案信息的准确，提升对销售工作的指导水平和对客户关系维护的指导水平。

同时，客户档案应该是一个动态更新的客户数据库，销售人员应及时跟进，及时更新客户信息，以便企业相关员工进行客户分析时，能通过数据的变化找到客户行为的变化，对销售工作进行及时改进。

客户档案一般由以下几个维度构成：

（1）客户基本情况：包括客户企业名称（中英文）、地址、工商注册信息等。

（2）客户的采购决策树：包括采购决策人信息、技术决策人信息、财务决策人信息、招标入围信息、实际使用单位情况，以及其他关键关系人的情况。

（3）客户产品及应用：包括客户产品参数、产品应用信息等。

（4）客户潜在采购需求描述：包括供应商资质要求、采购产品的技术规格、参数及特殊要求（如有）、商务要求等。

2.销售日志

销售日志是销售人员进行每日时间价值管理的重要工具。通过销售日志，销售人员可以对每日的工作进行价值评估。通过对每日工作进行长期跟踪，销售人员可以不断地提高时间的利用价值。

销售日志也是一个非常重要的销售管理工具，通过日志管理，相关负责人可以指导并监督销售人员，确保其每天工作的有效性。

销售日志一般分为工作计划、完成情况、后续安排等几个部分。通常以表格形式为主，列明当天的计划工作、计划完成期限、所需资源及协助对象、实际完成时间、完成结果自我评估、后续工作或计划等内容。

3.销售手册

销售手册是协助销售的资料性工具，它将销售工作中经常用到的资料、工具等，按照使用者的要求进行有效编排，从而达到辅助销售的目的。好的销售手册对销售人员的业绩影响很大。

销售手册是科学与艺术的结合体，是长期业务实践积累的结果，它是企业和员工销售水平的具体体现。

销售手册一般包含以下几个部分：

（1）企业介绍。包括企业历史、企业使命、愿景、价值观、发展规划、企业产品线等。

（2）销售工作职责。包括工作内容、岗位权责、个人考核，以及与营销相关的内部工作联系等。

（3）目标客户。包括客户类型、客户关键关系人、客户拜访、商机线索等。

（4）销售业务管理。包括销售业务管理的指导思想、销售业务管理策略库等。

（5）产品应用与客户服务方面的常识。

4.问题分析及处理方法

（1）销售线索分析：5W2H分析法。

5W2H分析法广泛用于企业管理和技术活动，针对决策和执行性的活动（如销售工作），也有助于弥补考虑问题时的疏漏。它主要从7个方面设问，使人发现并解决问题。

- what——目的是什么？做什么工作？
- why——为什么要做？可不可以不做？有没有替代方案？
- who——由谁来做？
- when——什么时间做？什么时机最适宜？
- where——在哪里做？
- how——怎么做？如何提高效率？如何实施？方法是什么？
- how much——做到什么程度？数量是多少？质量水平如何？费用和产出如何？

（2）鱼骨图。

鱼骨图是一种发现问题"根本原因"的方法。

如图5-5所示，对销售困境的分析，可以从产品、渠道、价格、推广、资金、成本、策略、品牌角度进行充分分析，找到根本原因，并由此获得解决问题的思路和方法。

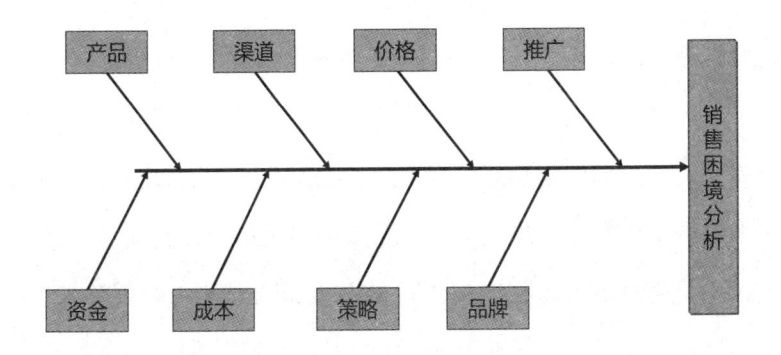

图5-5 销售困境的鱼骨图分析

(3) 7步分析法。

销售的7步分析法源于麦肯锡的7步分析法。

陈述问题：这部分最重要也最容易被轻视；

分解问题：利用MECE[1]等逻辑框架，罗列所有可能的因素；

问题排序：消除非关键问题，并对关键因素进行优先级排序；

计划分析：搜集相关数据资料，了解现状，制订详细的工作计划；

执行分析：对关键因素进行分析；

整理分析结果：归纳、总结并建立有结构的结论；

提出解决方案：整理结果，形成清晰明了的文件。

企业的具体情况、企业所在行业的特征等各有不同，因此表格工具等在实际使用过程中需要根据企业销售模式、行业特点、客户群特征等进行调整。

小结

销售管理是一门科学，企业要依靠各种管理工具对销售工作进行指导和监督。

销售与销售管理同时也是一门艺术。在销售管理实践中，企业要更注重销售人员的个人特质及能力，以及在工作中的个人能动性。在销售工作实践中，销售管理者要根据销售人员的个人特质及能力合理分配工作，把

---

[1] MECE（Mutually Exclusive Collectively Exhaustive），意为"相互独立，完全穷尽"，也就是对一个重大议题，能够做到不重叠、不遗漏地分类，而且能够借此有效把握问题的核心，并解决问题。

第五章 价值销售与销售实战技巧

"好钢"用在"刀刃"上，让销售人员在最合适的时间、最合适的工作位置上出现，为赢得项目、增加利润、企业发展做出最大的贡献。

> 作者简介：
>
> 陆澎，国家注册管理咨询师。工业电气自动化学士、上海理工大学管理学院工商管理硕士。拥有13年工业（B2B）企业技术和管理实战经验，12年工业（B2B）企业管理咨询经验。全程负责战略规划、组织架构设计及优化、业务流程体系设计、人员能力模型及培养体系规划等30多个项目的方案设计、落地实施支持工作；擅长战略规划、营销体系和业务流程体系设计、员工培养规划等，并对中国传统文化对企业文化的影响方面有一定的研究。

本章小结

本章通过若干位深耕销售领域多年的实战专家的分享来阐述价值销售与专精特新企业销售实战技巧的要义，非常精彩！

《销售如何真正实现以客户为中心》深入浅出地用华为销售人员打动"得到"罗振宇的案例，解读了"以客户为中心"的深刻内涵；《销售如何使客户建立品牌信任》从自身销售工作实践出发，提出了与客户建立信任的"人、货、场"模型；《如何用场景法创造销售优势》以传统的FABE产品推销方法作为对照，通过实操案例，详细阐述了场景法在复杂产品和服务销售过程中的作用和独特价值；《影响大客户销售成功的三大力量》提出大客户销售的三大驱动力量——实力驱动、人情关系驱动和价值驱动；《销售就是一条流水线》特别强调了销售过程管控的方法和工具，提出销售就是一条流水线。

下一章，我们将重点探讨上述方法论和工具在业界的实战应用。

实战案例篇

从硝烟和炮火中走来

第六章
专精特新企业品牌营销实战案例

本章撷取一些在各自领域内堪称佼佼者的专精特新企业作为案例，通过案例分析来阐述各家企业脱颖而出的"秘诀"，希望这些来自硝烟和炮火的鲜活案例，能带给读者朋友更加真切的感受。

某五金企业：如何成功度过品牌危机

项目背景

某企业从事五金工具产品的开发和销售，但最近几年日子过得有些煎熬：产品销量下滑，经销商、代理商纷纷倒戈，有的商家同时代理了好几个竞品品牌。虽然从事实业，但这家企业与行业中其他企业最大的差异便是它是靠品牌起家，生产外包，由其他工厂代工贴牌，企业在行业中主要从事产品开发、产品包装和市场营销。我的团队进入这家企业之前，远在厂区外就能看到高高的品牌柱及统一的企业VI主色调厂区建筑。严格来讲，这是一家品牌运营商。创业之初，这家企业靠品牌营销很快地打开了市场并迅速抢占市场，如今却发现客户对该品牌的忠诚度正不断降低，造成产品销量下滑，产品开发进度缓慢，企业危机四伏。这家企业当年靠品牌崛起，如今遇到品牌危机，真可谓成也萧何，败也萧何。

分析与诊断

我们在见到客户之前，已经产生了强烈的预判：这位客户非常重视品牌管理。是否因为市场意识不够才导致经营陷入被动？然而我们进入客户企业之后才发现，它对品牌管理的基本认知和实践经验都可谓乏善可陈。

第一，企业的市场营销与品牌管理严重脱节，二者缺乏有效互动。

品牌管理未能与市场营销部打"组合拳"，无法实现品牌管理有效拉动营销业绩的良好效果，品牌营销与整合营销不具备实施条件。除此之外，产品不合格率较高导致的客诉很多，企业未能有效应对，反过来对品牌产生了负面效应。

第二，企业对品牌建设的认识过于狭隘，企业内品牌建设相关职能不健全。企业的品牌定位很清楚，在市场上属于中高端品牌，品牌形象已经树立。那么，如何全方位体现品牌价值？品牌能够为客户带来哪些独特价值？品牌在市场上传递给了客户什么样的价值理念？品牌传播过程中是否已经形成了品牌故事？以上这些方面对于这家企业而言，都是需要思考的内容。

第三，品牌战略缺失，品牌管理体系不健全。

进入这家企业之后，令我们十分诧异的是，企业在组织结构上并没有品牌管理部，只有一个设计部，主要设计并制作产品相关的物料和广告方案。企业品牌战略缺失,品牌管理职能不健全。

第四,只重视品牌传播,不重视品牌规划与品牌升级。

品牌传播的背后,凸显的是品牌管理与品牌战略。品牌传播是"果",品牌战略和品牌管理是"因",两者之间存在强相关的逻辑关系。品牌战略会明确年度品牌管理工作的重点,如果两者齐备,品牌管理与品牌建设工作就是在"瞄着打"而不是"蒙着打"。总之,品牌战略是纲,品牌管理是目,纲举才能目张。此外,品牌需要随着企业发展而不断升级,并非一成不变。

第五,品牌和受众之间缺乏有效互动,客户品牌感知有待提升。

如今,品牌传播绝不是独角戏。一些知名品牌深知品牌传播与客户之间需要有效互动,在互动中产生了价值,在互动中提升了认知,在互动中强化了品牌忠诚度。最具代表性的就是小米品牌——"因为米粉,所以小米"。通过"米粉"活动,品牌与客户之间有效互动,强化客户品牌感知和心智认同,提升了客户的品牌忠诚度。

第六,品牌价值提升缺乏有效抓手。

品牌价值提升就是要为客户创造更大的价值。这一切的前提都基于品牌要更了解客户的真正需求。如何才能真正了解客户需求?必须深入客户,倾听客户反馈,了解客户痛点和情感诉求。如果忽视客户,企业开展的任何品牌价值提升活动都是自说自话。

问题解决方案

一是明确企业发展战略,制定品牌战略。

在项目组的强烈建议下，客户将设计部改名品牌管理部，通过招聘吸纳了一些品牌管理专业人才，具备了品牌管理职能，开始构建品牌价值体系，完善品牌形象体系，升级品牌传播体系，优化品牌管理体系，为企业品牌战略落地创造条件，将企业品牌管理提升到了战略管理的高度。

二是完善品牌管理职能，建立科学品牌管理模式。

充分吸收同行业或跨行业品牌管理经验，完善品牌管理职能，加强品牌管理部人才引进和团队建设。企业需要完善品牌管理职能，构建品牌管理体系，绝不是七零八落、散乱一团，想起哪件干哪件。只有构建科学的管理模式，品牌管理的各项职能才能得以发挥。

三是优化品牌管理业务流程，建立品牌管理制度。

规范品牌管理活动，优化品牌管理流程，建立品牌管理相关制度，这是对品牌战略及品牌管理的基本要求，通过这些措施可以有效地提高企业的品牌管理成熟度，实现由品牌到品牌企业的顺利过渡。只有建立了品牌管理的相关制度和流程，品牌管理工作才能常态化，具有可持续性。

四是与市场营销部联动，通过整合营销提升品牌价值。

品牌管理部不能整天坐在办公室摇旗呐喊，需要深入一线实地走访客户，了解市场对品牌的认知与反馈。同时，还要做好品牌监测，关注竞品品牌建设动态及相关规划，以便更有针对性地开展工作。品牌管理部与市场营销部密切协同，通过品牌营销拉动企业业绩增长，才是正解。

五是制定规范的品牌传播计划，匹配品牌战略相关资源。

企业要基于品牌战略制定3年计划，再将3年计划变成年度工作计划，为年度工作计划匹配相关的资源和预算。这样才能让品牌战略落地，将品牌战略的宏伟蓝图变成具体的行动。

实施与效果

项目实施过程中，我们始终坚持从战略出发，帮助客户企业梳理品牌战略目标，明确品牌战略发展路径，构建品牌战略管理体系，完善品牌管理职能，细化品牌战略总体部署与具体实施方案。

第一，梳理企业3年品牌战略发展规划。

明确企业"3-5、5-10"，即"3年5亿元，5年10亿元"战略目标。战略规划中明确提出了企业要从单品牌发展为多品牌，培育子品牌，形成品牌族群和品牌殿堂。战略目标的实现遵循"聚焦、优化、改进、提升"的工作宗旨。

第二，明确品牌战略发展路径。

针对子品牌，每个子品牌要在市场调研的基础上做好精准定位，厘清品牌诉求，细化品牌价值提升的有效策略，强化品牌建设职能，优化品牌传播工作计划。各个品牌之间定位清晰，且有合理的区隔。

第三，完善品牌管理职能。

优化部门架构和管理职能。品牌传播主要围绕品牌"三度"展开，即建立品牌忠诚度、提高品牌知名度和美誉度。在移动互联网时代，品牌建设的逻辑已经被颠覆，品牌建设的周期已经被压缩。因此，品牌管理工作需要坚持创新和顺势而为。

第四，品牌管理工作逐渐由"虚"变"实"。

此前，广告部就是干活——有干不完的设计活，员工拿的是计件工资，对品牌管理要干哪些事情，部门人员无暇顾及，也从未思考过。因此，部门人员此前认为品牌管理是个很虚的概念。我们提供专业服务以后，客户感受到品牌管理部现在做了最有价值的事情，并且还干得不错。而且品牌管理部也越来越务实、越来越扎实、越来越专业。

思考与启示

项目结束后，客户强烈感受到方案一脉相承，从战略出发，品牌战略一盘棋，品牌管理体系完备、逻辑清晰、分工明确、职能健全。与此同时，客户对品牌的认知也获得了提升，对品牌战略实施的目的和意义更加明晰。

由此我们获得了一些启示。

一是单纯就品牌谈品牌，不能解决客户根本问题。

在服务客户过程中，我们要多问一些为什么，多考虑品牌究竟如何为客户企业创造价值，品牌管理与产品开发、市场营销有哪些关联，如何才能产生有效互动和价值叠加；客户的战略目标是什么；品牌对战略目标的实现有哪些无可替代的作用。以上这些问题值得我们在客户服务过程中时刻深思。

二是品牌价值提升是企业各个部门密切协同的结果。

品牌效益与企业的客户息息相关，品牌价值是客户所认可的价值。任何事关客户的事件都要谨慎对待，尤其是客诉应对，处理不好就会产生负面效应且会不断发酵，最终会伤及品牌。在品牌战略实施的过程中，企业始终要考虑如何为客户创造更大的价值，如何为客户提供一些增值服务，如何让客户感受到超值服务，如何让客户产生品牌忠诚。这些问题不仅仅事关品牌管理部，还涉及企业各个部门。要取得良好的效果，必然是各部门密切协同的结果，而不是各自为政。

三是多品牌战略可以有效化解企业发展过程中遇到的品牌危机。

品牌定位于中高端客户群，如果遇到经济环境不佳、业绩下滑，企业就要做出战略调整，推出能够满足中低端客户需求的产品。最有效的解决途径，就是规划建立一个子品牌，而非固守原有品牌。因为多品牌战略能够产生更为精准的品牌定位，针对性强，还能有效规避母品牌或者企业品牌价值缩水。事实证明，多品牌战略有助于企业实施差异化的品牌定位和差异化的市场营销策略。

作者简介：

景元利，和君咨询前合伙人。专业服务涉及战略规划、组织优化、人力资源管理、品牌管理与企业文化咨询。深圳华一世纪企业管理顾问有限公司高级咨询师。

豪达机械：如何让品牌从幕后英雄变成台前明星

专精特新企业对外营销的脸面，就是企业形象系统，或者说围绕logo的一套标准化的视觉系统。这也是客户首先感知到的系统。心理学研究表明，人感知外界的5种感觉中，视觉获取的信息约占83%，听觉占11%，嗅觉占3.5%，触觉占1.5%，味觉占1%。所以视觉形象设计可以说是一家企业传播信息的最重要途径。在商业领域，无论是专精特新企业还是其他企业，视觉设计的本质都不是简单的装饰——不是为了美而美，而是强势的视觉战略。视觉设计尽量不要含蓄，要直白。获取关注是获得客户的第一步！

专精特新企业视觉系统之痛1：老板不重视

统观专精特新企业的视觉设计，相对B2C企业来讲，90%以上的专精特新企业（根据我的服务经验）的视觉设计只是有和没有的区别而已。很多企业老板意识不到一套好的视觉系统对企业意味着什么。老企业不用说，基本上是延续企业起步阶段的图形和字体设计。新兴的企业则根本不觉得logo是个事，就算有点意识的也可能觉得设计费用高，于是从网络平台上找一些便宜的设计应付了事。这看似省了不少成本，但细究下来，企业损失的不止一点点。

视觉系统是企业对外运营的过程中，消费者最深刻的记忆要素。企业运营从某种程度上来说，其实就是在运营消费者的认知。企业品牌资产积累的过程中如果少了视觉要素的参与，消费者就很难对企业产生深刻记忆，当然也就无法帮助企业做更多的传播。不少企业自认为做了大量的品牌推广工作，但由于缺乏视觉记忆要素，消费者并没有清晰地感知到企业的品牌形象，这对于企业来说实际上是巨大的浪费和损失，企业的品牌资产无法有效积累和增值。

专精特新企业视觉系统之痛2：没有判断标准

当然，随着时代的快速发展，企业老板的认知维度在不断升级，视野也更加开阔，经过各种学习的老板越来越意识到：形象很重要，视觉系统必须要。于是老板们请了专业公司进行整套的VI设计，甚至设计和应用了理念识别系统（MIS）、企业行为识别系统（BIS）等企业形象识别系统（CIS）。但如果问起应用以后的感觉，估计大部分企业老板会说：没啥感觉，我们的行业好像不太关注这个；还有的老板说：没用，还是照常卖货，没觉得logo有什么价值；也有老板说：我们生产的都是定制产品，客户根本不让我们放自己的logo，因此品牌形象、视觉设计纯粹是浪费。

以上问题出现的原因在于企业的logo没做对，或者做得还行但是没有在合适的应用场景进行足够的符号露出，这就是我们经常说的没有"穿透"。甚至很多企业根本没找到自己的核心应用场景，应用也就无从谈起。那对于专精特新企业来说，什么样的logo才算是一个好logo？什么样的场景是专精特新企业进行视觉展示的核心场景？如何做到有效穿透，有判断标准吗？

根据多年的咨询服务经验，我们总结得出专精特新企业的品牌视觉系统和品牌传播通常有三大核心难题：一是如何实现品牌露出，让品牌更值得被记忆？二是如何实现高频次品牌露出，占据一切可能是企业产品货架的位置？三是行业展会是专精特新企业传播推广的最佳平台，科学的展会营销该怎么做？如何解决这三大难题，就不得不提到专精特新企业的核心"货架"，也就是专精特新企业有品牌露出机会的四大应用场景，企业就是通过这些应用场景将自己推广出去的。

结合专精特新企业营销的落地场景和货架思维，专精特新企业品牌露出的场景基本可以分为这4个：

1. 企业内部场景

对于专精特新企业来说，因为采购体量大、时间跨度长，很多采购方会参观考察企业。因此企业内部的视觉系统是企业必须整合的场景要素。当然，这也是企业文化的具体展现，对企业内部员工也有一定的号召力。具体涉及的内容包括企业外观形象、企业内部形象墙、企业办公环境文化、企业导视系统、企业生产导视标准化系统、企业团队文化展示等。

2. 业务人员陌拜场景

对于专精特新企业来讲，陌拜是企业拓展业务时必不可少的一环。登门拜访时除了沟通业务内容，还要给客户留下专业的印象。因此，业务人员的形象及专业展示极其重要。

这个场景涉及的视觉要素常见以下内容：业务人员的服装、领带、常用的笔记本、常用的PPT介绍素材、画册素材、视频素材、随手礼等。这些内容需要传递企业的调性和实力。

3.线上网站展示场景

由于互联网的快速发展,很多企业在采购前会利用线上媒体寻找相关资讯,对供货方企业的情况进行搜索并做初步判断。企业官网作为线上最直接的信息传递形式,自然必不可少。

因此,企业官网的视觉系统是否统一、是否具备冲击力,是让消费者一打开网站就被牢牢吸引的关键。如何让网站视觉系统成为营销的转换入口,是视觉表达的核心要义。

4.行业展会展示场景

专精特新企业不像快消品需要时刻进行品牌露出,但行业展会是专精特新企业展示实力的重要渠道。一家企业是否有实力,是否做了行业创新,推动了行业进步,管理是否严谨,执行是否标准化,是否能够介绍清楚自己的产品和企业,通过一场展会就能得到淋漓尽致的展现。

基于四大应用场景,将企业视觉系统切实落地,就能够很好地解决专精特新企业品牌形象传播的三大核心难题,进而让企业形象设计发挥其应有的作用。

接下来通过一个案例,来看看专精特新企业如何做出一个值得客户记忆的好logo,又如何将logo元素应用在自己的核心业务场景中,进而做到让消费者快速认知,让品牌快速破圈,让企业的品牌资产得到有效增值,最终成为更具价值的企业。

青岛豪达伟业机械有限公司(以下简称"豪达"或"豪达机械")于2011年成立,是一家专注于木工机械的制造加工企业。由于我们的服务未涉及企业战略和策略规划，因此，定位和产品规划不在案例论述范畴内。

豪达的需求很简单：企业要开发东南亚市场，发力点在越南市场，因此要做形象升级，尽量让越南本土也能看明白该企业的主营业务，使企业做好在越南市场发力的准备。

基于对越南市场的了解，我们发现越南人民对英文的接受度普遍较高，而且英文字母在当地人的印象里代表着"品质好"。几经探讨，我们确认以豪达的拼音制作字母logo，进而对豪达视觉形象做整体升级。

第一步：对豪达进行现有视觉品牌资产的盘点

首先，我们先盘点豪达现有的视觉品牌资产。

豪达原有的logo只有拼音字母和对字母A的字体设计（见图6-1），勉强可以称得上是品牌资产，因为用了一段时间，部分客户有一些品牌记忆。这部分品牌资产我们要尽可能延续。在给企业做品牌形象升级的过程中，我们首先要做的是进行品牌资产盘点和挖宝，而不是全部推翻重来。一家企业能发展到一定阶段，一定是做对了某些事情，我们要尽可能找到亮点并予以保留和放大。

HAODA

图6-1 豪达原logo

如果看到一个企业logo后，竟然不知道企业所在的行业和赛道，不知道企业卖什么，那这个logo的价值和意义何在？在我们看来，这样的logo甚至称不上是品牌资产，因为它只给品牌认知增加了难度，没有降低客户的认知和记忆成本，客户帮助传播企业品牌的时候，也很难描述logo。

可以说，没有记忆点和传播度的logo肯定不是一个好logo，所以豪达原有的logo肯定不算一个好logo——客户对其基本上没有印象，哪来的传播度？因此，只能在保留核心基因的基础上重塑。说到这个话题，相信很多B2B企业logo都是这样的，好像有一个，但似乎又什么都没有，因为它根本没有打通与客户沟通的视觉通道，反而提高了客户记忆的难度。

既然是打破重塑，那么除了拼音HAODA，我们还要先提炼豪达这家企业的核心词汇和核心概念。"豪达机械"这4个字可以看作公司名的简称，logo上可以直接体现这几个字。当然，这是中文语境。如果在越南，让当地人能看懂，还要知道这是一家国外企业，就要用英文。因此，haoda machines这两个单词，就是该企业在越南语境中的核心词汇。

视觉设计讲究用色如用兵，因此在色彩选择上，我们继续沿用原有的颜色"工业蓝"作为logo主色调。另外，我们希望企业logo能够传递精致和行业领先的理念，我们认为原有logo中对字母A的设计可以较好地表达这个理念，因此，我们对字母A进行了设计上的强化表达，并沿用原logo中的红色进行凸显。

对原有品牌资产完成盘点后，核心词汇和主色调确定，我们就可以开始第二步了。

第二步：找到文化母体，创造战略花边，提高品牌认知的清晰度

一切传播都是符号的编码和解码，品牌传播就是用效率最高的符号来编码。人们往往只记得他们已经记得的东西，因此占领一个文化原型进而私有化形成自己的符号，就相当于占领这个文化原型所代表的所有财富。

结合企业现有的视觉资产找到行业的文化母体，嫁接文化原型，找到并私有化行业符号，形成清晰的logo升级设计，就能降低记忆和传播成本。那么，豪达所在的领域和行业的文化原型是什么？

豪达是做机械制造与销售的，机械制造的第一直觉图形是什么？经过直觉化的行业研究，我们找到了"齿轮"这个文化原型。虽然没有与策略相关的服务内容，我们还是希望通过视觉解决策略的部分问题，因此第一稿中，我们把logo的齿轮做成了锯齿状。"锯齿"是这个logo的文化母体，而由锯齿形成的圆形则成了豪达机械的战略花边。同时，我们将原有的logo基因嵌入母体符号，形成了第一版设计稿（见图6-2）。

图6-2　第一稿logo

第一稿提交后，客户认为他们未来的业务版图不仅仅限制在木工机械领域，在国内市场他们更想把企业定位于"机械制造"；而在越南市场，可以精准到木工机械。因此我们对方案做了调整，选取了机械行业最具代表性的齿轮图形作为logo的母体符号，用齿轮精致的结构表达企业对品质精益求精的追求，将中英文的结合作为本土化和走出去的logo组合。针对越南市场logo，还添加了"木工"的英文woodworking（见图6-3）。

这里要进一步强调，在中国语境中，建议企业不要做无谓的动作，中文就是最好的沟通语言。所谓的全球化不是加上几个英文字母就能实现的，在什么环境中就用什么环境的语言。豪达的logo由于各种原因，在中英文的落地上并不是很精准，但也朝着这个方向前进了很大一步。

logo视觉拆解

英文logo　　　　　　　　　　　中文logo

图6-3　第二稿logo

找到了母体符号，接着要考虑战略花边的创意。战略花边是贯穿整个产品或者整个画面，在远一点的地方也能被看见的图形。由于商标注册等原因，很多企业logo很难进行大的调整和升级，这样的情况下，我们会建议使用战略花边，也有同行称之为辅助图形。这个图形有时候比logo本身还要重要，因为花边的作用在于强制的视觉识别，能为品牌的露出提供强大的视觉冲击力。

我们将豪达厚重的齿轮做了强化和延展，设计了齿轮笑脸图，形成品牌的超级符号系统，也就是豪达的战略花边（见图6-4）。另外，我们在创作过程中用到的齿轮花也成了我们战略花边的一部分，它在各种底色上的应用显示了其重要的视觉效果（见图6-5）。

图6-4　豪达齿轮笑脸战略花边　　　　图6-5　豪达齿轮花战略花边

新的logo运用了行业皆知的齿轮作为母体符号，创立了齿轮笑脸和齿轮花，通过不断应用获得陈列优势，传达了企业专业化、标准化、精致化的特点以及企业的国际范、亲和力。

总结来说：首先，视觉系统不是装饰，而是强势的视觉战略；其次，好的视觉战略能把人的目光抓过来，让企业获得视觉优势，快速地和客户建立连接。再次，好的视觉战略还为客户提供了一套进行转介绍的语言。

第三步：企业自媒体全面媒体化，提高品牌露出效率和频次

自媒体不仅仅包括企业的微信公众号，还包括企业自己——企业的设备、员工、大楼、车辆……应把企业所有东西都变成媒体，并实行全面媒体化。

企业通过对齿轮笑脸和齿轮花覆盖性的投入，创造最大化重复，提高

第六章 专精特新企业品牌营销实战案例

齿轮笑脸和齿轮花在终端的露出频次,从而引起客户对豪达的强烈注意,建立对豪达的品牌关注度和认知。对于豪达来说,客户的工厂就是货架,设备就是最大的媒体。所有设备上都刻印上齿轮笑脸,一眼望去,整个行业似乎都在用豪达的设备。

让所有的传播场合都有蓝色的齿轮笑脸,让客户在工作中随处可见精致的齿轮花,让这些视觉呈现拥有一个共同的称呼——"齿轮笑脸家"(见图6-6)!

(a)公司形象墙示意

(b)公司线上系统

（c）公司销售人员服装

（d）公司产品

图6-6 豪达升级后的视觉呈现

第四步：重新定义展会营销，品牌传播效率最大化

行业展会并不只是一次普通的品牌亮相，也是专精特新企业品牌传播和推广的最佳平台，是展示企业综合实力的最佳机会。很多专精特新企业每年都参加展会，但是展会过后能被记住的有多少？能被提起的又有

第六章 专精特新企业品牌营销实战案例

多少？

以齿轮笑脸贯穿始终的超级展会营销方案，将会场变主场，让豪达成为全场焦点。往年展会，豪达的展位一眼望去并不能让人直接看出是哪家公司，没有记忆点。应用战略花边后，它的展位在众多展位中脱颖而出，成为全场焦点（见图6-7）。

图6-7 豪达展位设计示意

根据此案例，企业是否对一个好logo有了自己的判断标准？那就是：一目了然见行业，一目了然见产品，有强大的视觉冲击力，还可以很好地进行描述和传播。即使客户记不住企业的名字，但只要他记住了企业的符号，记住了铺天盖地的齿轮笑脸，那么视觉的功能、形象的作用也就发挥出来了。这些元素就可以真正成为企业的品牌资产。

作者简介

李文华，青岛优尔品牌营销策划有限公司创始人，中国人民大学企业管理研究生。成功服务过青岛海信电器、青岛国际院士港研究院、第一坊花生油品牌、远见集团、东崂精酿等企业。

金太阳铸业：如何从小作坊成长为"正规军"

"做实业永远不要想着赚快钱，要经得起诱惑、耐得住寂寞。铸造是一个传统行业，但它又是高端装备制造业发展的重要支撑与保证。传统不代表落后，传统产业的创新空间更大、舞台更大。"谈及专精特新企业的经营与发展，河南金太阳精密铸业股份有限公司（以下简称"金太阳铸业"）总经理宋向阳如是说。

案例背景

金太阳铸业成立于2010年，位于河南省新乡市榆东产业聚集区，有员工200人，规划设计年产能3万吨。公司拥有两个生产基地与一个高档数控机床铸件工程技术研究中心，主要从事数控机床铸件、工程机械铸件、轨道交通铸件、工业机器人铸件、压缩机铸件、矿山机械铸件、泵阀类铸件的研发、生产与销售。

不解之惑：艰难但勇敢地起步——为什么辛辛苦苦却不赚钱

金太阳铸业成立之初，面临缺技术、缺订单、缺团队、缺经验、管理混乱的局面。面对这样的局面，许多人劝总经理宋向阳退出。

2010—2015年，金太阳铸业认为只要是铸铁件，那么单件从小到几千克到大至5吨重的，公司都可以做；无论是机床还是工程机械、矿山机械、工业机器人、轨道交通，都是它可以开发的目标市场。但5年下来的最终结果却是产品无特色、市场无品牌、企业无盈利、员工无动力、企业无未来。

第六章 专精特新企业品牌营销实战案例

破局之策：坚定而开放地探索——专精特新是适合金太阳铸业的路

和大多数中小企业一样，激烈的市场竞争让金太阳铸业年轻的团队倍感压力。是积极创新求变，破局求生，还是苦盼所谓市场环境变好或熬着等死？金太阳铸业选择了前者。

2016年起，宋向阳坚定地提出：我们不玩"比烂"模式——和别人做低价竞争，我们要做别人不能做、做不好、不愿做的产品。

2017年2月，金太阳铸业明确将企业定位为"中小型树脂砂铸铁件专家"，并把产品单重原则上限定在200千克到5吨之间，刀刃向内，倒逼企业加大研发投入、人员培养等。实践证明，这种聚焦和做减法的策略是成功的，当年8月，企业产能就达到了历史高峰，当年企业盈利水平有所好转。

2018年起，企业提出要继续聚焦和做减法，努力做到"1米宽，1万米深"，将企业进一步升级定位为"高端机床铸铁件专家"（见图6-8）。

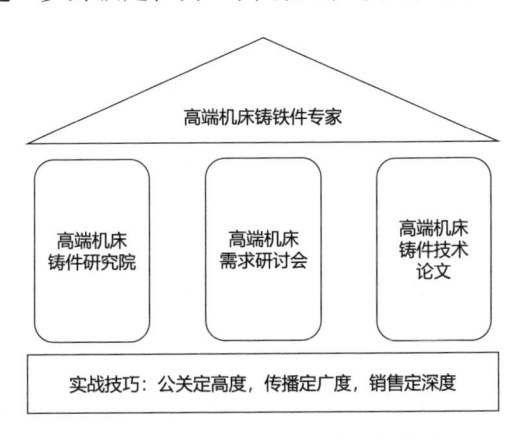

图6-8 金太阳铸业定位升级示意

"1米宽"即减少服务的行业，不断聚焦"高精度、低应力中小型数控机床铸件"这一细分领域；"1万米深"即在机床铸件细分领域不断参与有竞争力的机床整机厂产品的联合开发，不断参与产业链的提升与价值创造，不断发现与解决客户的痛点、难点、痒点，为成为高端智能装备的配套专家而不懈努力。

金太阳铸业服务的行业越来越少，市场却越来越大，客户满意度越来越高，员工创造力越来越强，企业盈利水平越来越高，由以前的"跑市场"变为每年众多知名机床企业主动到企业参访并洽谈合作。"金太阳铸业"已成为被铸造行业和机床行业熟知的知名品牌，被众多全球著名机床企业视作高端机床铸件的首选甚至唯一供应商。

金太阳铸业这些年走过的路，充分表明：专精特新之路是像金太阳铸业这样的中小民营企业做强、做优的必选之路，也是中小民营企业走向成功的"捷径"。

举一反三：高质量发展之路——品牌营销系统为金太阳铸业保驾护航

从最初名不见经传的小作坊企业，到如今成为"正规军"声名远播，金太阳铸业的产品受到德、日、美、韩等多个国家多家世界500强企业及国内众多专精特新机床企业的青睐，一些外商不远万里来到这家位于河南北部小县城的企业洽谈业务，有的客户为了能早点拿到货，提出先打预付款。以前企业默默无闻低价竞争，如今却成为国家专精特新"小巨人"企业，追求价值制胜，目前更是拥有了"国家高新技术企业""国家科技型

第六章 专精特新企业品牌营销实战案例

中小企业""中国铸造行业机床铸件分行业排头兵企业""中国铸造行业千家重点骨干企业"等响亮的头衔。金太阳铸业用了10年时间走上了专精特新之路。

对照众多还挣扎在产品同质化、低价竞争泥淖里的中小企业，金太阳铸业的高质量发展之路给了我们非常多的启发，回首过往，我们不难发现，其中总有"以客户为中心"的品牌营销系统的影子。

专精特新品牌是客户感知价值的总和，客户不仅听你怎样说，更要看你怎样做。专精特新品牌的落地，不能只靠做VI、媒介传播，更要看企业实实在在做了什么，正如图6-9的"三位一体"模型呈现的：

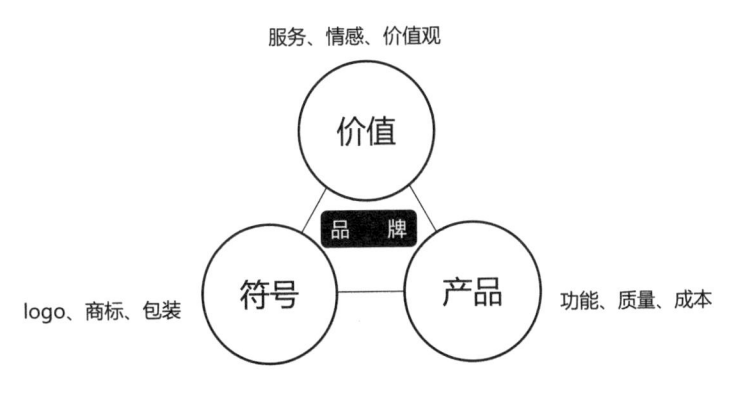

图6-9 品牌"三位一体"模型

金太阳铸业"高端机床铸铁件专家"的品牌定位，是一步一个脚印扎实走出来的。

目前，金太阳铸业已获得相关专利技术30多项。其中高碳当量低应力机床铸件生产工艺，碳化硅（SiC）合成铸铁工艺，氮、铌微合金化高强度铸铁工艺，发热保温冒口工艺，绿色金属材料成型工艺，铸造陶管浇注工艺及铁液过滤技术，-50 ℃低温冲击球墨铸铁等工艺技术，都处于世界先进水平，源源不断地为众多客户创造着价值。

为了提高"高精度、低应力中小型数控机床铸件"从研发到生产的效率，公司引进了铸造模拟分析软件AnyCasting、模拟浇铸软件华铸CAE、实验室信息管理系统（LIMS），实现了铸造模拟以及从原材料进厂到成品出库的全流程材质成分跟踪管理；同时还建立了理化性能检测分析实验室来保证研发工作的有效开展。2022年，依托金太阳铸业建设的"河南省高性能低应力机床铸件工程技术研究中心"被河南省科技厅认定为省级工程技术研究中心，"高碳当量含氮高端数控机床灰铸铁件生产工艺"被权威专家认定达到国际先进水平。

> 作者简介：
>
> 宋新安，河南省金太阳精密铸业股份有限公司总经理助理兼营销总监。

万千紧固件：如何解决行业服务问题

提及专精特新，人们会下意识地联想到中小企业。事实上，专精特新不只是企业特征，更是一种经营理念。"万千紧固件"作为工业紧固件产业平台，体量不算大，但在高品质螺纹紧固类产品领域却声名远播，属于专精特新平台型企业。

公司背景

笔者所在的无锡万谦工品智造科技有限公司（以下简称"万千紧固件"）成立于2009年，是一家国内领先的紧固件B2B互联网服务平台，为客户提供一站式比价、采购与管理服务，用数字化驱动解决客户一站式配齐难、买货贵的难题。

万千紧固件以紧固件全产业链生产、分销、采购、储存、应用、服务等场景痛点为出发点，以IT、数据技术（DT）、AI等技术及新型商业模式为抓手，结合实战，研发出"柔性智造+B2B平台+终端服务"行业级解决方案。

行业痛点：海量SKU，良莠不齐，采购成本居高不下

MRO[1]的采购量不到企业采购总额的8%，但要消耗采购部60%以上的

---

[1] MRO是维护（maintenance）、维修（repair）、运行（operation）的合称，通常是指在实际的生产过程中不直接构成产品，只用于维护、维修、运行设备的物料和服务。

工作量，极易为企业带来较大的隐形成本。紧固件采购面临同样的难题，包括质量、交期、包装、少货、错货、个性需求等，加之紧固件SKU（最小存货单位）多达百万种，所以交货方面容易出现各种问题。而这些小错给客户带来的却是无尽的烦恼，轻则误工、停产，重则使客户商业信誉受损，经济利益也会受影响。

紧固件是工业制造基础件，属物料清单（BOM）型生产物资，应用领域广泛，行业总产值近3000亿元。该行业有以下几个特性：

海量SKU：紧固件SKU多达百万种，且不同类目生产工艺不同，导致每家工厂生产的SKU品类狭窄、规模小（典型产值在数百万元），行业现有紧固件生产工厂数万家。

蚂蚁市场：不仅有数万家厂商，业内贸易服务商也达到了数十万家，其中规模最大的，市场占有率还不到1%。终端紧固件用户在国内逾百万家，但因客单价低、需求个性化，高质量的供需匹配难度大。

沟通困难：因使用场景、使用习惯甚至方言口语差异等原因，不同使用者对相同产品的描述千差万别，需求端和供给端"语言不通"，所以订单确认（译码）也是一大难点。现阶段"译码"及"配齐"的角色主要由"夫妻店"承担，"译码"主要依赖从业经验。但因"夫妻店"服务客户数量有限，上游供应商累积少，所以紧固件清单SKU"配齐"主要靠产业链层层传递，效率低下且成本累加。

破局之策：重新定位，痛点前置，保证金服务模式

如果企业只把与客户之间的关系理解为交易关系，那前述痛点就无法解决，但如果重新定位与客户之间的关系为"伙伴关系"，问题就迎刃而解了——基于客户视角，客户最想要什么样的紧固件服务商？

万千紧固件的产品实质不是紧固件，而是服务，螺丝、螺母只是企业服务的载体。所以做好服务，是万千紧固件的重要任务。万千紧固件始终抱着"惟精惟一"的匠人态度，在服务客户的每个环节上下功夫，同时倡导"君子务本，本立而道生"的企业价值观，这个"本"就是"善"——善始善终，追求卓越，把"利他"思维体现在服务过程的每个细节上，追求零失误。

万千紧固件通过对细节的严格要求不断提升服务品质，也希望广大客户及合作伙伴在工作中对万千紧固件严格要求。

基于上述出发点，针对一些大客户企业，万千紧固件创造性地推出了痛点前置、保证金服务模式。这种模式解决行业痛点的基本逻辑是：

1.先把客户与紧固件供应商合作中容易出现的问题列举出来。

2.与客户协商每个问题的赔偿金额。

3.签订《产品及服务品质保障协议》。

4.先给客户支付保证金。

5.出现违约情况，按照保障协议扣除保证金。

万千紧固件通过严格要求自己来实现高品质的服务，将痛点前置，降低客户风险，从而获取了客户的信任。

客户见证：与万千紧固件形成相互成就的伙伴关系

案例一：浙江川达新能源

由于工程需求涉及上千个种类和规格，相对而言，浙江川达新能源的整体采购周期会比较长。但浙江川达新能源在接触到万千紧固件以后，发现万千紧固件相较同行业出方案要快几倍，原因是万千紧固件在2016年就已经开发了AI译码系统，即使客户在电话中对产品的描述是地方方言，系统也能快速找出精准的产品。浙江川达新能源在与万千紧固件合作后表示："我们的工作效率得到了很大的提高。感谢万千紧固件为我们项目的顺利进展做出的积极努力，也祝愿万千紧固件早日成功上市。"

案例二：深圳市鑫明光

深圳市鑫明光和万千紧固件合作近10年，它能够感知到万千紧固件的效率越来越高，服务品质越来越好。"过去万千紧固件会出现回复信息慢、响应不及时等问题，但现在的工作流程已经通过支持导向流程（SOP）标准化，服务越来越精进。过去货物交期比现在慢一半，现在万千紧固件已经有集采平台，成立了自己的大型仓储物流中心，并且应用了仓储管理系统（WMS），效率提高了很多。"深圳市鑫明光是万千紧固件发展壮大的见证者，相信万千紧固件作为紧固件行业最早实现信息化的服务平台，一定能实现成功上市的理想。

未来可期：重新定位，扎根客户，专精特新企业有更广阔的未来

历经10余年的积淀，万千紧固件已形成近500人的服务团队，拥有8个

生产基地、近20个服务仓，提供产品数百万种，服务遍布全国310多个城市和地区的超10万终端用户，与中航光电、中核集团、中铁铁建、中船重工、西门子、通用集团、ABB等多家世界500强及国内外其他知名企业长期合作，并建立了良好伙伴关系。

如今，万千紧固件已经入选江苏省工业电子商务发展示范企业、中国产业互联网领军企业，并成为中国紧固件行业最佳示范企业、中国紧固件行业优秀服务商、中国中小企业工业品数字化先锋、江苏省数字经济联合会理事单位。梧桐树资本投资副总裁于凤田表示："万千紧固件深扎紧固件行业10余年，对行业痛点和需求有非常深入的理解，创始人马明有极强的学习和快速迭代能力。公司打造了面向行业的交易系统和数据库，赋能产业链玩家。公司业务扎实、发展迅速、毛利空间足够大、现金流良好。梧桐树资本作为本轮（A+轮）投资方，非常看好该公司，它一定能成长为中国紧固件领域的行业龙头。"

作者简介：

马明，连续创业者，万千紧固件产业平台创始人，"柔性智造+B2B平台+终端服务"行业级解决方案开创者，中国产业互联网卓越CEO奖获得者。

本章小结

本章通过若干个专精特新企业品牌营销方法论的经典应用案例，详细再现了数字经济时代专精特新企业营销工作的实际场景。

《某五金企业：如何成功度过品牌危机》借助企业咨询案例，剖析了专精特新企业品牌营销成功之道；《豪达机械：如何让品牌从幕后英雄变成台前明星》讲解了视觉设计对企业品牌资产沉淀和品牌形象传播的重要性；《金太阳铸业：如何从小作坊成长为"正规军"》中，企业依靠"傻子精神""匠人精神""钉子精神"，实现品牌专业化、精细化、特色化发展之路；《万千紧固件：如何解决行业服务问题》阐述了企业如何重新定位、痛点前置，以保证金服务模式解决行业服务问题。

希望这些来自各领域优秀专精特新企业的实战案例，能带给大家更多的思考和启发。

后　记

一不小心，又已经是下午了，在心流状态下写书，时光飞快！

窗外，春天的阳光有些慵懒，为这本书写下后记，让我心里充满喜悦——在2023年开头的日子里，和专精特新企业品牌营销业界的众位大咖、专家和职场高手联手共同完成这本书，是专精特新企业品牌营销产业领域一件意义重大的事！

首先，它让工业品牌营销方法论由碎片化走向系统化。在过往的专精特新企业营销研究和实践中，因为来自业界和学界的专家学者研究方向和从业背景差异较大，且相关专业文献较少，大家"各说各话"，即便是对"销售""营销""品牌"这样的基本概念，也是公说公有理，婆说婆有理，对专精特新企业品牌营销工作的认知和方法论比较碎片化。本书尽管很难一蹴而就让大家达成共识，但起码迈出了从0到1的第一步，为各方提供了表达自己观点，呈现各种实战方法论的平台，让碎片化的观点走向了系统化。

其次，它让专精特新企业品牌营销领域的专家、达人有了一个共同的

"家"。在整合各方资源完成这本书的同时，我们团队还在同步规划专精特新企业品牌营销产业联盟图谱，为"团结一切可以团结的力量，帮更多专精特新企业解决营销难题"整合更多产业资源；与此同时，全国各主要城市如上海、深圳、北京、成都等地的专精特新企业品牌营销主题论坛也正在如火如荼进行；工业品牌营销大会正在筹划……本书的联合作者，都将成为专精特新企业品牌营销产业联盟的专家团成员，这本书，是我们缘分的开始。

再次，它让专精特新企业品牌营销领域的新人可以走上成长"快车道"。本书作者中部分是工业品牌营销领域的资深专家，也有一些是来自专业界和企业界的新秀。向前辈、大咖学习的同时，我们也看到了更多优秀的专精特新企业品牌营销人，对未来充满期待。希望本书及后续系列能够帮助更多新人走上成长"快车道"。

最后，它让专精特新企业品牌营销领域的各种资源能共聚"同一个梦想"！本书的顺利出版，不仅得到了各位专家老师和职场达人的鼎力支持，得到了吴晓波老师和蓝狮子图书的大力支持，而且还得到了多家专精特新企业、行业平台（如万千紧固件）、数字化营销服务商、行业协会、行业媒体及相关主管部门的支持和鼓励，是一次全新的尝试。它让上述产业资源因为"同一个梦想"而走到了一起。

帮更多专精特新企业解决营销难题，是杜小忠（上海）品牌营销咨询公司孜孜以求的使命和梦想。感恩有您，一路相伴！

特别鸣谢

春播、夏长、秋收、冬藏……

这本合著诞生时,我们刚刚送走了播撒种子的春天和希望疯长的夏天,来到了麦浪滚滚、金灿灿的秋天,回望这段来时路,心里有后怕,但更多的是欣喜。

后怕是早知这段路途如此坎坷和波折,我哪敢冒冒失失就招呼那么多专精特新企业品牌营销一线实战专家和优秀企业营销人上路啊;欣喜是我们居然跋山涉水,成功走过了最为艰难险阻的路,又完成了一个人生的"不可能",这激励我们迈向更远,去发掘和实现人生的更多可能性!

首先,感谢参与本书写作的各位专精特新企业品牌营销实战专家和优秀企业的营销精英,从一开始在百忙之中抽时间撰写和提交各自的稿件,到在编校过程中不厌其烦地反复打磨和修改,他们都付出了很多努力。因为多人写作,难免出现写作风格不同、主题方向差异大等问题,因此修改和优化工作尤其烦琐,甚至还有很多稿件本身内容质量很高,但因与本次主题不能很好地融合和统一,最后不得不忍痛割爱……个中纠结和委屈,极为痛苦，也借此机会向一开始参与写作，但最终文章没能收入本书的作者表示深深的歉意，期待未来更多合作中，我们再续前缘。

其次，我必须把最真诚的感谢送给本书的策划编辑李晴老师。毫不夸张地说，如果没有李晴老师积极主动甚至委曲求全地多方协调和推动，没有她持续不断地鼓励我、指导我来协调各位专家作者，可能这本合著书籍只能永远成为一个美好的梦想，存在于想象中。多少次我心灰意冷、想往后退时，都是李老师温柔坚定的力量支持我咬牙迈过一个又一个的坎。时至今日，每每想起过往那一个个电话，我心头依然感到温暖和充满感恩。感谢李老师，不仅帮我们实现了出版专精特新企业品牌营销合著的梦想，也帮助我成为更加成熟和专业的作者！

和吴晓波老师团队愉快地合作了好多年，特别感恩——蓝狮子帮我实现了出版工业品牌营销三部曲的梦想：《成长型企业如何打造强势品牌》《成长型企业销售部实战全指导》以及《工业品市场部实战全指导》；和中德制造业研修院合作开了一系列的成长型企业家公开课、实战特训营，还深度服务了宁波凡天医疗等企业。感谢何丹院长和巧巧、佳美、陈怡、陈强等，他们热情又实干！

也特别感谢我天津公司的小伙伴沈晓娜、李少华、张瑞娟、竞竞等，感谢你们陪我一起成长。

一路走来，离不开伙伴客户的支持和鼓励，河南金太阳铸业、天津炬实科技、上海铭诚锦科技、宁波凡天医疗、深圳拓邦股份、徐工集团、广州宏图、上海育汽……未来，还会和更多优秀的机构和企业一路相伴。我会满怀感恩，陪伴你们一起走向更加光明的未来！

特别鸣谢

最后，感谢我的家人默默陪伴。我能心无旁骛地"玩"专精特新企业品牌营销这点事，都是因为妻子林尧能帮我照顾好小家，也是因为孩子们都比较懂事，大虎越来越独立，能安排好自己的时间，跃跃打小就比较坚强和有主见。

子曰："知之者不如好之者，好之者不如乐之者。"于我而言，研究专精特新企业品牌营销方法论是一件让我觉得特别开心和有成就感的事情，能有幸与上述诸君在工作和生活中同行，本身就是一件值得庆幸的事情，满怀感恩！

人生如此，夫复何求！

杜　忠

图书在版编目（CIP）数据

专精特新企业品牌营销之道 / 杜小忠等著. -- 北京：中国友谊出版公司, 2024.6
ISBN 978-7-5057-5844-5

Ⅰ.①专… Ⅱ.①杜… Ⅲ.①企业管理－品牌营销－研究 Ⅳ.①F272.3-39

中国国家版本馆CIP数据核字(2024)第067136号

书名	专精特新企业品牌营销之道
作者	杜小忠　马明　马西伯等
出版	中国友谊出版公司
策划	杭州蓝狮子文化创意股份有限公司
发行	杭州飞阅图书有限公司
经销	新华书店
制版	杭州真凯文化艺术有限公司
印刷	杭州钱江彩色印务有限公司
规格	710毫米×1000毫米　16开 15.5印张　180千字
版次	2024年6月第1版
印次	2024年6月第1次印刷
书号	ISBN 978-7-5057-5844-5
定价	68.00元
地址	北京市朝阳区西坝河南里17号楼
邮编	100028
电话	（010）64678009